2017
中国粮食发展报告

CHINA GRAIN DEVELOPMENT REPORT 2017

国家粮食局　主编

中国社会出版社
国家一级出版社·全国百佳图书出版单位

图书在版编目(CIP)数据

2017中国粮食发展报告/国家粮食局主编. —北京：中国社会出版社，2017.9
ISBN 978-7-5087-5764-3

Ⅰ. ①2… Ⅱ. ①国… Ⅲ. ①粮食问题—研究报告—中国—2017 Ⅳ. ①F326.11

中国版本图书馆CIP数据核字(2017)第223519号

书　　名：2017中国粮食发展报告
主　　编：国家粮食局

出 版 人：浦善新
终 审 人：尤永弘
责任编辑：李冬雁　　　　**责任校对**：张　丛

出版发行：中国社会出版社　　　　**邮政编码**：100032
通联方法：北京市西城区二龙路甲33号新龙大厦
电　　话：编辑部：(010)58124823
邮购部：(010)58124848
销售部：(010)58124845
传　真：(010)58124856
网　　址：www.shcbs.com.cn
shcbs.mca.gov.cn
经　　销：各地新华书店

中国社会出版社天猫旗舰店

印刷装订：中国电影出版社印刷厂
开　　本：210mm×285mm　1/16
印　　张：10
字　　数：210千字
版　　次：2017年9月第1版
印　　次：2017年9月第1次印刷
定　　价：150.00元

中国社会出版社微信公众号

2017
中国粮食发展报告编辑委员会

委　员

目 录

目录

第五部分　粮食宏观调控

第六部分　粮食流通体系建设

第七部分　粮食流通体制改革

第八部分　粮食科技与人才发展

目录

目录

2016 年中国粮食发展概述

2016 年是“十三五”和全面建成小康社会决胜阶段的开局之年，全国粮食系统紧密团结在以习近平同志为核心的党中央周围，深入学习贯彻党的十八大、十八届三中、四中、五中、六中全会精神和习近平总书记系列重要讲话精神，认真贯彻中央经济工作会议、中央农村工作会议以及全国发展和改革工作会议精神，认真落实党中央、国务院关于粮食工作的决策部署，着力推进粮食流通各项工作，为保障国家粮食安全作出了积极贡献。

一、面对严重自然灾害粮食流通运行平稳健康

2016 年，我国南方遭遇了 1998 年以来的特大洪涝；东北和华东的超强台风，局部地区的地震，都给粮食收购、储存、供应带来了严重困难。全国粮食系统迎难而上，有效应对，各项工作取得明显成效。粮食收购方面，认真落实国务院确定的粮食收购政策，适时启动小麦和稻谷最低收购价执行预案，强化监督检查和市场监管，全年各类粮食企业共收购粮食 45990 万吨（原粮）。针对夏粮受灾较重情况，江苏、安徽、河南、湖北、新疆等地出台省级临储、专项收购、设备购置补贴、贷款贴息等政策措施，积极抓好超标小麦收购，有效防止了农民“卖粮难”。“去库存”方面，会同有关部门先后启动临储玉米划转一次性储备轮换销售、超期和蓆茓囤储存粮食定向销售、2013 年“分贷分还”临储玉米和大豆竞价销售等。2016 年累计销售政策性粮油 6178 万吨，是上年成交量的 3.3 倍。江苏、安徽两省政府安排专项资金，对企业竞买国家政策性粮食给予补贴。储粮管理方面，面对超高库存的巨大压力，始终把储粮管理放在突出位置来抓。连续两年开展中央储备粮专项检查，储备粮日常管理和监管工作得到加强。制定《安全储粮责任制暂行规定》，各地认真贯彻落实，层层压实安全储粮责任。编制《粮油安全储存守则》和《粮库安全生产守则》，各省区认真组织培训，努力使两个《守则》成为一线职工的职业准则和作业规范。11 月中旬召开全国安全储粮和安全生产视频会议后，各地将秋冬安全大检查引向深入，及时发现和整治安全隐患。保供稳市方面，加强市场调控和产销对接，市场供应数量充足、质量良好、价格总体稳定。受灾地区群众和救灾部队的粮食供应得到有力保障。地方储备粮增储任务基本落实到位，特别是广东、浙江、福建、重庆等省市地方储备大幅增加，地方政府调控区域市场的能力显著提升。北京、天津、河北建立了京津冀一体化粮食局长联席会议制度，协同保供。

二、"粮安工程"极大增强国家粮食安全保障能力

"粮安工程"2016 年投资 53.7 亿元，加上前 3 年，中央投资累计达 300 多亿元，带动地方和企业配套投资近 1000 亿元，极大改善了粮食流通基础设施条件。一是现代粮食仓储体系基本形成。近年来新建仓容 7910 万吨，其中 2016 年新建近 1000 万吨，现代化仓型比例大幅提高，"危仓老库"维修改造带动了功能提升。二是粮食物流设施得到加强。近年来，安排中央预算内投资 30.3 亿元支持建设粮食物流设施，形成了一批多功能粮食物流园区。南宁中国—东盟粮食物流园区、西安粮食物流枢纽、贵州西南粮食城等项目积极推进。三是行业信息化建设取得积极进展。制定发布行业信息化建设指导意见，安排 17 个省区市开展省级粮食管理平台建设和粮库智能化改造。安徽、江苏、湖北已率先开发建设了省级综合信息平台。四是粮食质量监测体系进一步健全。近几年安排中央预算内投资 6.2 亿元，347 个国家粮食质量监测站的能力和水平得到明显提升。同时，节粮减损、放心粮油、应急网络、市场监测、农户科学储粮等工作扎实稳步推进。

三、省长责任制强化了粮食安全的制度保障

《国务院关于建立健全粮食安全省长责任制的若干意见》下发以来，各地高度重视，及时出台贯彻意见措施，切实承担保障区域粮食安全的主体责任。根据《国务院办公厅关于印发〈粮食安全省长责任制考核办法〉的通知》(国办发〔2015〕80 号)，2016 年启动了考核工作，各省区市政府都出台了考核办法，成立了考核工作领导小组，天津、山西、吉林、上海、江苏、安徽、江西、湖南、广西、海南、四川、云南、甘肃等省区市将粮食安全责任落实情况纳入省级政府绩效考核，绝大部分省级政府下达了 2016 年粮食安全责任书。考核相关工作的有力推进，为"首考"做了充分准备。

四、发展粮食产业经济开拓了粮食工作的新空间

2016 年，全国规模以上粮油加工企业 1.8 万家，实现工业总产值 2.8 万亿元，同比增长 13.3%；利税总额达 1730 亿元。山东、湖北粮油加工业总产值均超过 3000 亿元，河北、黑龙江、江苏、安徽、河南、湖南、广东、四川 8 省都超过千亿元。各地积极推动品牌化、集约化发展，山东涉粮企业有中国名牌产品 40 个。湖北的"荆楚粮油"经过几年发展，品牌效应开始显现。安徽、山东、河南、广西、四川、陕西、青海、宁夏等省（区）主食产业化快速推进。浙江、福建省政府出台了促进粮食产业经济发展的指导意见，陕西制定了粮食产业集群发展五年规划。西安爱菊、天津聚龙、上海良友等一批粮食企业集团"走出去"，积极拓展国际市场发展空间。

五、深化改革为粮食流通工作增添了新的动力

一是玉米收储制度改革取得突破。这是党中央、国务院的一项重要战略部署，是农业供给侧结构

性改革的一场硬仗。改革的内容是取消玉米临储政策，改为“市场定价、价补分离”，实行“市场化收购”加“补贴”的新机制。国务院成立了由国家发展改革委牵头、20个部门参加的部际协调机制，明确由国家粮食局负责日常工作。内蒙古、辽宁、吉林、黑龙江粮食部门主动担当、积极作为，制订工作方案，协调落实鼓励加工转化、强化信贷支持、加强运力调度等政策措施，引导多元主体积极入市；中国储备粮管理总公司、中粮集团有限公司、中国航空工业集团公司坚持始终在市均衡收购；销区粮食部门积极组织企业到产区采购，共同推动玉米收储制度改革顺利开展。市场运行总体平稳，改革取得积极成效。二是推进粮食行业供给侧结构性改革。国家粮食局出台的指导意见，明确了改革目标和重点任务，各地认真贯彻落实，湖北、贵州、云南、安徽等省结合实际制定了实施意见。三是国有粮食企业改革取得新进展。2016年全国国有及国有控股粮食企业实现统算盈利约110亿元。湖南已有6家粮油企业上市。此外，粮食流通统计直报系统上线运行，统计工作效率大幅提高。

六、扎实推动粮食系统全面从严治党

2016年，全国粮食系统始终高度重视党建工作，切实增强“四个意识”，着力推动全面从严治党，做到“两手抓、两不误、两促进”。扎实开展“两学一做”学习教育，党的组织建设和思想建设进一步加强；认真落实政治巡视要求，主动配合中央和地方的专项巡视巡察；严格落实中央“八项规定”精神，切实转变工作作风，党风廉政建设和反腐败斗争取得新成果。

与此同时，编制发布《粮食行业“十三五”发展规划纲要》及信息化、物流、加工、科技4个子规划。推进粮食法立法进程，修订粮食收购资格审核管理办法，优化中央储备粮代储资格认定程序。加快职能转变、政社分开，中国粮食行业协会顺利脱钩。举办全国粮食科技活动周暨首届粮食科技成果转化对接活动、第四届行业职业技能竞赛，首次召开行业人才兴粮工作会议，成立国家粮食安全政策专家咨询委员会。认真做好世界粮食日和全国爱粮节粮宣传周活动，充分发挥《中国粮食经济》等行业媒体作用，营造良好舆论氛围。全国粮食系统与西藏、新疆、新疆生产建设兵团、江西、安徽等地粮食部门共同努力，扎实开展援藏援疆、对口支援革命老区和定点扶贫工作。

第一部分

粮食生产

一 粮食生产概述

2016年，党中央、国务院着眼全局，出台了一系列强农富农惠农政策，各地坚决贯彻中央决策部署，围绕“提质增效转方式、稳粮增收可持续”，以绿色发展为导向，以改革创新为动力，以结构调整为重点，着力推进农业供给侧结构性改革，努力提高供给体系质量和效率，农业农村经济呈现稳中有进、稳中向优的良好态势。粮食产量实现“十三连丰”，为经济社会大局提供了有力支撑。

（一）面积总体稳定

2016年结构调整成效显著。据统计，全年粮食播种面积11258.99万公顷，比上年减少29.9万公顷，减幅0.3%。

（二）单产稳中略减

2016年粮食平均单产每公顷5451.9公斤，比上年减少30.9公斤，减幅0.6%。

（三）总产连续第十三年丰收

2016年粮食总产61625万吨，比上年减少518.9万吨，减幅0.8%，粮食产量连续4年稳定在60000万吨以上。

二 粮食生产品种结构

（一）三季粮食总体稳定

1. 夏粮面积增加、产量略减

2016年夏粮播种面积2763.3万公顷，比上年增加0.7万公顷，增幅0.03%；总产13920.3万吨，比上年减少167.8万吨，减幅1.2%；单产每公顷5037.7公斤，比上年减少62.1公斤，减幅1.2%。

2. 早稻略减

2016年早稻播种面积562万公顷，比上年减少9.5万公顷，减幅1.7%；总产3277.6万吨，比上年减少91.1万吨，减幅2.7%；单产每公顷5832.2公斤，比上年减少62.5公斤，减幅1.1%。

3. 秋粮稳中略减

2016年秋粮播种面积7978.2万公顷，比上年减少22.1万公顷，减幅0.3%；总产44427.1万吨，比上年减少260万吨，减幅0.6%；单产每公顷5568.6公斤，比上年减少17.1公斤，减幅0.3%。

（二）主要粮食品种“三减一增”

1. 稻谷稳中略减

2016年稻谷播种面积3017.8万公顷，比上年减少3.7万公顷，减幅0.1%；总产20707.5万吨，比上年减少115万吨，减幅0.6%；单产每公顷6861.7公斤，比上年减少29.5公斤，减幅0.4%。

2. 小麦面积增加、产量略减

2016年小麦播种面积2418.7万公顷，比上年增加4.5万公顷，增幅0.2%；总产12884.5万吨，比上年减少134万吨，减幅1%；单产每公顷5327.1公斤，比上年减少65.5公斤，减幅1.2%。

3. 玉米调减成效显著

结构调整突出的品种是玉米，2016年玉米播种面积3676.8万公顷，比上年减少135.2万公顷，减幅3.5%；总产21955.2万吨，比上年减少508万吨，减幅2.3%；单产每公顷5971.3公斤，比上年提高78.5公斤，增幅1.3%。

4. 大豆增产

2016年大豆播种面积720.2万公顷，比上年增加69.6万公顷，增幅10.7%；总产1293.7万吨，比上年增产115.2万吨，增幅9.8%；单产每公顷1796.3公斤，比上年减少15.1公斤，减幅0.8%。

三 粮食生产地区布局

（一）从南北区域看

北方15省（区、市）2016年粮食播种面积6299.7万公顷，比上年减少13万公顷，减幅0.2%；产量34687.9万吨，比上年减少154.7万吨，减幅0.4%，该区域粮食产量占全国粮食总产的56.3%。

南方16省（区、市）2016年粮食播种面积5003.8万公顷，比上年减少17.9万公顷，减幅0.4%；产量26937.1万吨，比上年减少364.2万吨，减幅1.3%，该区域粮食产量占全国粮食总产的43.7%。

（二）从东西区域看

东部12省（区、市）2016年粮食播种面积3141.3万公顷，比上年减少22.2万公顷，减幅0.7%；产量18539.3万吨，比上年增产62.2万吨，增幅0.3%，该区域粮食产量占全国粮食总产的30.1%。

中部9省（区）2016年粮食播种面积5579.7万公顷，比上年减少7.6万公顷，减幅0.1%；产量30883.9万吨，比上年减少633.8万吨，减幅2%，该区域粮食产量占全国粮食总产的50.1%。

西部10省（区、市）2016年粮食播种面积2582.4万公顷，比上年减少1万公顷，减幅0.04%；产量12201.9万吨，比上年增产52.7万吨，增幅0.4%，该区域粮食产量占全国粮食总产的19.8%。

（三）从生态区域看

东北4省（区）2016年粮食播种面积2584.3万公顷，比上年减少2.5万公顷，减幅0.1%；产量14656.6万吨，比上年减少143.9万吨，减幅1%，该区域粮食产量占全国粮食总产的23.8%。

西北6省（区）2016年粮食播种面积1258.5万公顷，比上年减少6.8万公顷，减幅0.5%；产量5673.7万吨，比上年增产19.6万吨，增幅0.3%，该区域粮食产量占全国粮食总产的9.2%。

黄淮海7省（市）2016年粮食播种面积3664.7万公顷，比上年减少1.7万公顷，减幅0.05%；产量21241万吨，比上年减少246.4万吨，减幅1.1%，该区域粮食产量占全国粮食总产的34.5%。

长江中下游5省（市）2016年粮食播种面积1440.9万公顷，比上年减少14.7万公顷，减幅1%；产量8496.8万吨，比上年减少222.4万吨，减幅2.6%，该区域粮食产量占全国粮食总产的13.8%。

华南4省（区）2016年粮食播种面积707万公顷，比上年减少6.4万公顷，减幅0.9%；产量3710.3万吨，比上年减少17.7万吨，减幅0.5%，该区域粮食产量占全国粮食总产的6%。

西南5省（区、市）2016年粮食播种面积1648.1万公顷，比上年增加1.2万公顷，增幅0.1%；产量7846.7万吨，比上年增产92万吨，增幅1.2%，该区域粮食产量占全国粮食总产的12.7%。

（四）从产销区域看

主产区13省（区）2016年粮食播种面积8151.2万公顷，比上年减少13.4万公顷，减幅0.2%；产量46776.5万吨，比上年减少564.8万吨，减幅1.2%，该区域粮食产量占全国粮食总产的75.9%。

主销区7省（市）2016年粮食播种面积588.6万公顷，比上年减少8.2万公顷，减幅1.4%；产量3290.4万吨，比上年减少21.5万吨，减幅0.7%，该区域粮食产量占全国粮食总产的5.3%。

产销平衡区11省（区、市）2016年粮食播种面积2563.6万公顷，比上年减少9.2万公顷，减幅0.4%；产量11558.2万吨，比上年增产67.5万吨，增幅0.6%，该区域粮食产量占全国粮食总产的18.8%。

四 主要粮食品种生产成本分析

（一）2016 年粮食成本收益情况

据全国价格主管部门成本调查机构的调查显示，与上年相比，2016 年我国三种粮食（稻谷、小麦和玉米，下同）平均单产小幅下降，成本略有上升，价格明显下跌，效益大幅下滑。

1. 单产小幅下降

由于部分主产区遭遇干旱、洪涝或高温等不利天气，2016 年我国主要粮食单产下降。三种粮食平均亩产 457.1 公斤，减产 10.3 公斤，减幅 2.2%。其中，稻谷、小麦和玉米亩产分别为 484.8 公斤、406.3 公斤和 480.3 公斤，分别减产 7.8 公斤、14.5 公斤和 8.5 公斤，减幅分别为 1.6%、3.4% 和 1.7%。

2. 成本略有上升

2016 年三种粮食平均每亩总成本和现金成本分别为 1093.6 元和 501.2 元，分别上升 3.6 元和 8.3 元，升幅分别为 0.3% 和 1.7%。其中，总成本升速比上年下降 1.7 个百分点，连续第四年大幅放缓。主要成本项目变动情况：（1）由于种子价格上涨，用量增多，种子费增加，亩均 60.7 元，增加 1.3 元，增幅 2.2%；（2）由于化肥价格下降较多，虽然用量略增，化肥费仍然减少，亩均 128.9 元，减少 3.1 元，减幅 2.4%；（3）由于机械化率提高，机械作业费增加，亩均 142.8 元，增加 3.2 元，增幅 2.3%；（4）由于用工数量减少较多，虽然劳动力价格继续上涨，人工成本仍小幅减少，亩

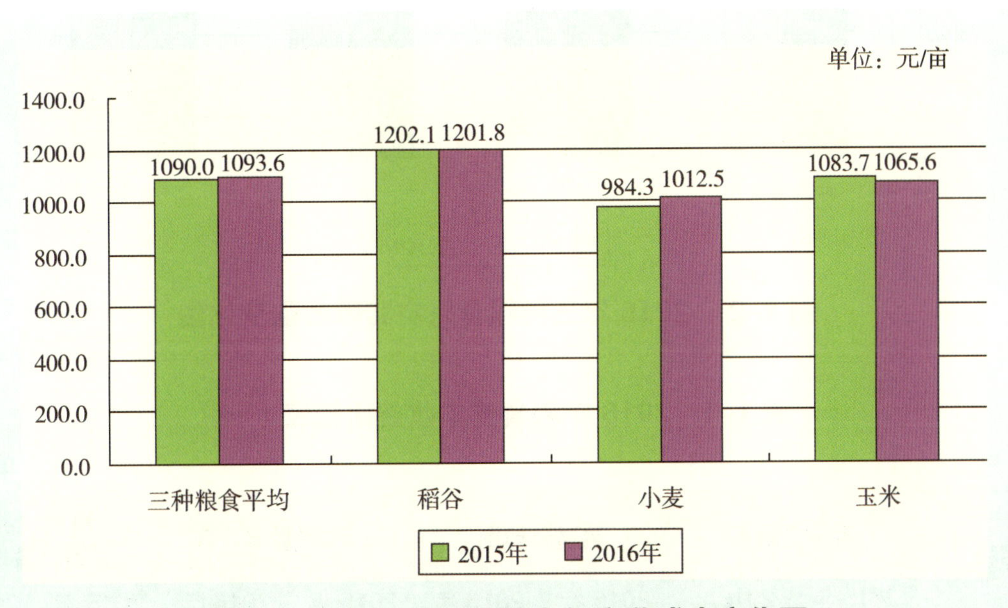

图 1-1　2016 年三种粮食每亩总成本变化图

均 441.8 元，减少 5.4 元，减幅 1.2%；（5）由于土地价格上涨，土地成本增加，亩均 222.3 元，增加 4.5 元，增幅 2.1%。

3. 价格明显下跌

受国内供给宽裕、需求不旺，国家实施玉米市场化收购加补贴的新机制，国际市场粮价低迷，以及部分产区粮食品质下降等因素影响，2016 年粮食价格明显下跌。农民出售三种粮食平均价格每 50 公斤 108.4 元，下跌 7.9 元，跌幅 6.8%。其中，稻谷、小麦和玉米分别为 136.8 元、111.6 元和 77 元，分别下跌 1.2 元、4.8 元和 17.2 元，跌幅分别为 0.9%、4.1% 和 18.3%。

4. 效益大幅下滑

2016 年三种粮食平均每亩净利润由上年盈利 19.6 元，转为亏损 80.3 元；每亩现金收益（不考虑家庭用工和自有土地机会成本）512.1 元，减少 104.5 元，减幅 17%。如果考虑国家对农业的补贴，每亩实际收益（现金收益加补贴收入）609.9 元，减少 84.9 元，减幅 12.2%。其中，稻谷、小麦和玉米亩均实际收益分别为 821.9 元、532.3 元和 475.4 元，分别减少 51.6 元、88.1 元和 114.9 元，减幅分别为 5.9%、14.2% 和 19.5%。

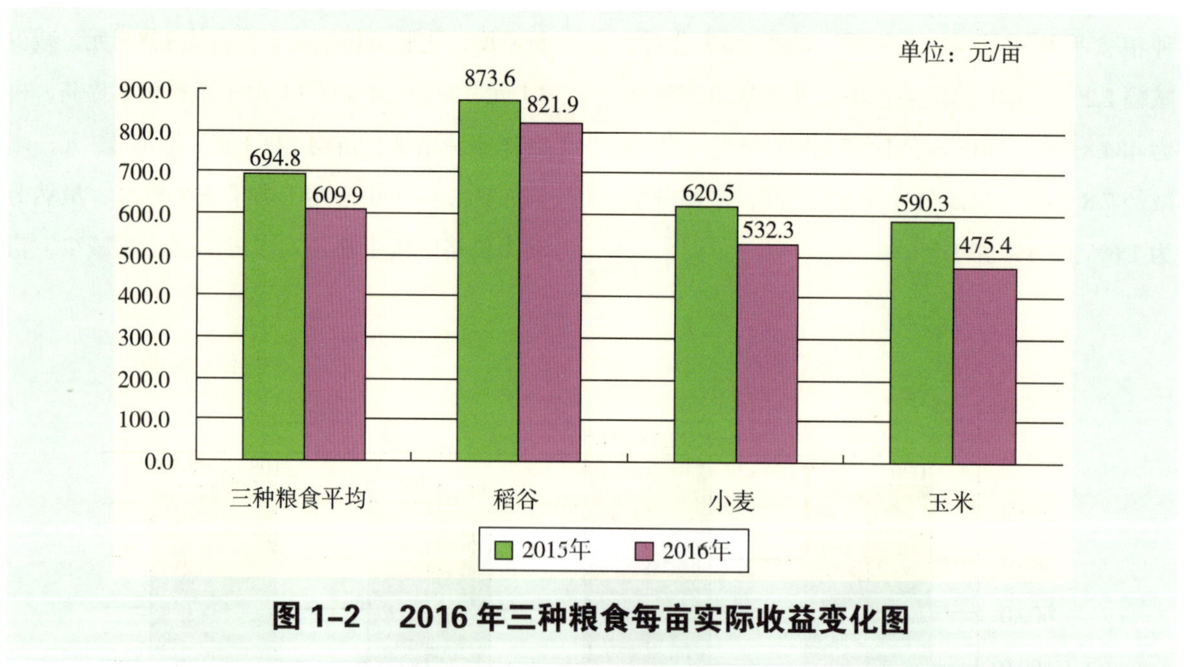

图 1-2　2016 年三种粮食每亩实际收益变化图

表 1-1　2016 年粮食成本收益比较表（一）

单位：元

品种	每亩总成本		每亩净利润		每 50 公斤总成本		每 50 公斤平均出售价格	
	2015 年	2016 年	2015 年	2016 年	2015 年	2016 年	2015 年	2016 年
三种粮食平均	1090.0	1093.6	19.6	−80.3	114.2	117.0	116.3	108.4

续表

品种	每亩总成本		每亩净利润		每 50 公斤总成本		每 50 公斤平均出售价格	
	2015 年	2016 年	2015 年	2016 年	2015 年	2016 年	2015 年	2016 年
稻谷	1202.1	1201.8	175.4	142.0	120.5	122.3	138.0	136.8
早籼稻	1097.4	1096.9	49.8	1.9	128.5	129.9	134.4	130.1
中籼稻	1215.4	1209.0	227.2	181.7	109.6	113.2	130.1	130.2
晚籼稻	1125.6	1133.1	133.3	97.5	124.6	127.5	139.4	138.4
粳稻	1370.7	1368.5	290.6	286.6	121.8	121.4	147.6	146.8
小麦	984.3	1012.5	17.4	-82.2	114.4	121.5	116.4	111.6
玉米	1083.7	1065.6	-134.2	-299.7	107.6	107.1	94.2	77.0

表 1-2 2016 年粮食成本收益比较表（二）

单位：元

品种	每亩现金成本		每亩实际收益（含补贴收入）		每 50 公斤现金成本	
	2015 年	2016 年	2015 年	2016 年	2015 年	2016 年
三种粮食平均	493.0	501.2	694.8	609.9	51.7	53.6
稻谷	593.4	604.2	873.6	821.9	59.5	61.5
早籼稻	515.2	524.4	720.0	657.3	60.3	62.1
中籼稻	515.6	519.5	1019.3	954.3	46.5	48.6
晚籼稻	546.4	562.5	795.1	747.4	60.5	63.3
粳稻	796.2	810.5	960.0	928.8	70.7	71.9
小麦	458.8	474.8	620.5	532.3	53.3	57.0
玉米	426.6	424.7	590.3	475.4	42.3	42.7

（二）2016 年粮食和主要经济作物效益比较

2016 年我国粮、棉、油、烟等主要农产品生产成本均小幅上升，增速继续大幅放缓。由于价格和单产变化不同，主要农产品实际收益变化趋势也有所不同。具体来看，粮、油、烟等农产品生产效益均有所下滑，棉花效益大幅上升。

从 2016 年亩均实际收益水平看，粮食低于烤烟，高于棉花和油菜籽。其中，粮食与烤烟的收益差距缩小；粮食相对棉花和油菜籽的优势下降。2016 年粮食亩均实际收益 1206.2 元（按一年两季粮食作物计算，北方地区一亩小麦和一亩玉米的实际收益合计为 1007.8 元，南方地区一亩早籼稻和一亩晚籼稻实际收益合计为 1404.7 元，平均每亩粮食实际收益为 1206.2 元），比烤烟少 1199.2 元，差距比上年缩小 213.8 元；比棉花和油菜籽分别多 114.9 元和807.3元，优势比上年分别减少495.8元和112.7元。

从2016年比较效益看，粮食相对棉花和油菜籽下降，相对烤烟维持不变。三种粮食平均与棉花、油菜籽的实际收益比（分别以棉花和油菜籽为1）分别从上年的0.92和1.57下降到0.56和1.53；三种粮食平均与烤烟的实际收益比（以烤烟为1）仍为0.25。

五 粮食生产能力建设

2016年，各地区、各部门认真落实党中央、国务院决策部署，按照稳粮增收、提质增效、创新驱动的总要求，坚持以我为主、立足国内、确保产能、适度进口、科技支撑的国家粮食安全战略，巩固和提高粮食生产能力，确保谷物基本自给、口粮绝对安全。全年粮食生产获得好收成，实现了粮食生产稳定发展，为宏观经济稳定作出了重要贡献。

（一）落实藏粮于地战略，加强高标准农田建设

为确保粮食生产能力不下降，保障国家粮食安全，2016年，国家有关部门认真落实藏粮于地、藏粮于技战略，坚持把粮食生产能力建设作为重点支持领域，不断加大投入力度，加强高标准农田建设，改善粮食生产基础设施条件，增强农业抗灾减灾能力。一是按照《全国新增1000亿斤粮食生产能力规划》的要求，安排中央预算内投资145亿元，用于800个产粮大县田间工程建设，新建和完善灌排沟渠、桥涵闸等渠系建筑、集蓄水设施、机井维修配套、土地平整以及机耕道等小型农田水利基础设施，形成一批集中连片、旱涝保收的高产稳产粮田。二是安排中央财政资金500亿元左右，继续实施农业综合开发中低产田改造和土地整治，建设高标准基本农田。三是安排中央预算内投资约170亿元，用于大型灌区续建配套与节水改造、新建大型灌区工程、大型灌排泵站更新改造等项目建设，保障农业灌排用水需要，提高灌排保障能力和农业用水效率，缓解水资源供需矛盾，转变农业发展方式。四是探索投资管理长效机制，有关部门在湖南等部分省区开展了以高标准农田建设为平台的涉农资金整合试点，探索各渠道、各层次高标准农田建设资金的整合模式和经验，建立健全统筹安排使用建设资金的新机制，实现“多个渠道进水，一个池了蓄水，一个龙头出水”，共同推进高标准农田建设。五是创新投融资模式，采取政府与社会资本合作等方式，通过财政资金吸引社会资本和市场主体参与高标准农田建设和管理，拓宽投资渠道，加快建设步伐，提高建设标准。六是加强高标准农田建后监管，依托国家的土地监管平台，实行各渠道投资建设的高标准农田统一上图入库，精准管理、动态监管。探索高标准农田建后管护长效机制，将田间设施交由合作

社、村民自治组织和种粮大户主体自建自管，确保长期发挥效益。

初步统计，在各地区、各有关部门的共同努力下，2016年建设高标准农田约8000万亩，2011—2016年累计建成高标准农田4.8亿亩，完成了《全国高标准农田建设总体规划》确定的阶段性建设任务，形成了一批集中连片、旱涝保收、稳产高产、生态友好的粮食生产基地，项目区粮食平均产能提高10%以上，亩均粮食产量增加100公斤左右，提高了粮食生产水平，促进了农民增收，为实现全年粮食稳产奠定了坚实基础。

（二）强化育种科研能力建设，推进现代种业发展

为加快国家级粮食作物育制种基地建设，改善育制种条件，加快新品种培育，提高发芽率、活力等种子质量水平和市场监管检测能力，保障粮食生产用种需要。2016年，国家安排中央预算内投资加快建设甘肃玉米、四川水稻制种基地。通过实施土地平整、农田水利、田间道路和农田防护林等工程建设，集中连片改造制种田，配套建设种子监管和服务体系，提高玉米、水稻种子标准化、规模化生产水平和种子质量水平，增强良种供应保障能力。此外，为发挥海南独特的光热资源优势，有关部门积极推进南繁科研育种基地前期工作，搭建科研育种平台，改善科研实验、制种田和种子检测等设施条件，提升育种手段和能力，促进现代农作物种业的发展。继续安排中央预算内投资实施种子工程建设，完善农作物品种改良中心、良种繁育基地、区域试验站等。开展粮食生产重大科技攻关、现代农业产业技术体系建设，加快优良品种和先进栽培技术的推广应用。在各方面共同努力下，2016年尽管自然灾害较重，全国粮食平均亩产仍达363.5公斤，比上年减少2公斤左右，农业科技进步贡献率、农作物耕种综合机械化率分别达到56%和63%以上；农田有效灌溉面积接近10亿亩，灌溉水有效利用系数达到0.53以上。

第二部分

粮食市场供求与价格

一 粮食市场总体概述

2016年，国内玉米、水稻、小麦等主要粮食品种产量均出现了减产，国内粮食生产在实现“十二连增”后首次减产，但总产量仍然处于历史第二高年。全国粮食丰产，需求增速放缓，整体仍然供大于求。分品种看，2016年玉米取消临储收购政策，实行“市场化收购加补贴”的新机制，价格大幅回落；玉米、稻谷市场阶段性供大于求特征明显；小麦市场供求宽松，但优质品种不足；大豆市场产需缺口继续扩大。

2016年，全球粮食丰收，国际粮价低位盘整。国内粮价维持高位，国内外粮食价格倒挂。分品种来看，国内小麦价格一路高涨，国内外价差扩大，进口增加；稻谷国内外价差仍然较大，进口增加；玉米价格下降，国内外价差明显缩小，玉米及替代谷物进口大幅减少；大豆进口继续增加。尽管2016年我国谷物进口低于上年，但粮食进口总量仍超过1亿吨，国内粮食市场仍然受到进口粮食从数量和价格两个方面的冲击。

二 小麦市场供求与价格

（一）小麦市场供给和需求情况

1. 产量“十二连增”后首次减产

2016年我国部分冬小麦主产地区在小麦产量形成的关键时期遭遇连阴雨天气，导致小麦产量在十二连增之后首次出现减产。2016年我国小麦产量为12884.5万吨，较上年减少134.0万吨，减幅1%。其中，冬小麦产量12219万吨，较上年减少216万吨，减幅1.7%；春小麦产量666万吨，较上年增加81万吨，增幅13.8%。虽然2016年小麦产量较上年略有下降，但仍属于历史第二高年。

2. 消费量下降

随着我国经济的发展、人口结构的变化，我国小麦消费呈现逐年下滑趋势。国家粮油信息中心预计，2016/2017年度我国小麦消费量为10771万吨，较上年度减少206万吨，减幅1.9%。其中食用消费8850万吨，较上年度减少150万吨，减幅1.7%；饲用消费700万吨，较上年度增加50万吨，增幅7.7%；工业消费750万吨，较上年度减少106万吨，减幅12.4%。

3. 进口量增加

2016年全球小麦产量增加，国际小麦市场价格跌至近十年低点。国内外小麦价差扩大，我国小麦进口量同比增加。海关数据显示，2016年我国共进口小麦337.4万吨，比2015年增加40.2万吨，增幅13.5%。2016年我国小麦出口 1.05 万吨，比上年增加 0.5 万吨。

（二）小麦市场价格走势及成因

2016 年我国小麦价格涨幅较大，高于过去几年的平均涨幅，阶段性特征较为明显。

1. 新麦上市前，小麦价格稳中偏强运行

2016 年新麦上市之前，随着市场余粮的逐渐消耗，小麦粮源逐渐减少，加之 2015 年部分小麦产区受灾，小麦质量较差，优质粮源整体偏少，小麦价格呈现稳中偏强走势。2016 年 5 月底，华北地区普通小麦市场均价为 2500 元 / 吨，较年初上涨 100 元 / 吨。

2. 新麦上市，小麦开秤价格偏低

6 月初，2016 年新麦由南至北陆续收获上市。但受降雨影响，新季小麦质量总体低于 2015 年。由于贸易商 2015 年大量存粮而小麦价格不涨反跌导致了亏损，2016 年普遍采取“随收随走”的收购策略，不愿存粮。由于市场收购不积极，小麦开秤价格较 2015 年低 100 元 / 吨左右。虽然安徽、湖北、江苏、河南四省分别在 5 月 31 日、6 月 1 日、6 月 3 日、6 月 6 日启动托市收购，但这四省新小麦质量达到国家托市收购标准的较少，收购进度较为缓慢，对小麦价格提振不及预期，6 月份小麦市场价格维持弱势，在 2300 元 / 吨左右波动。

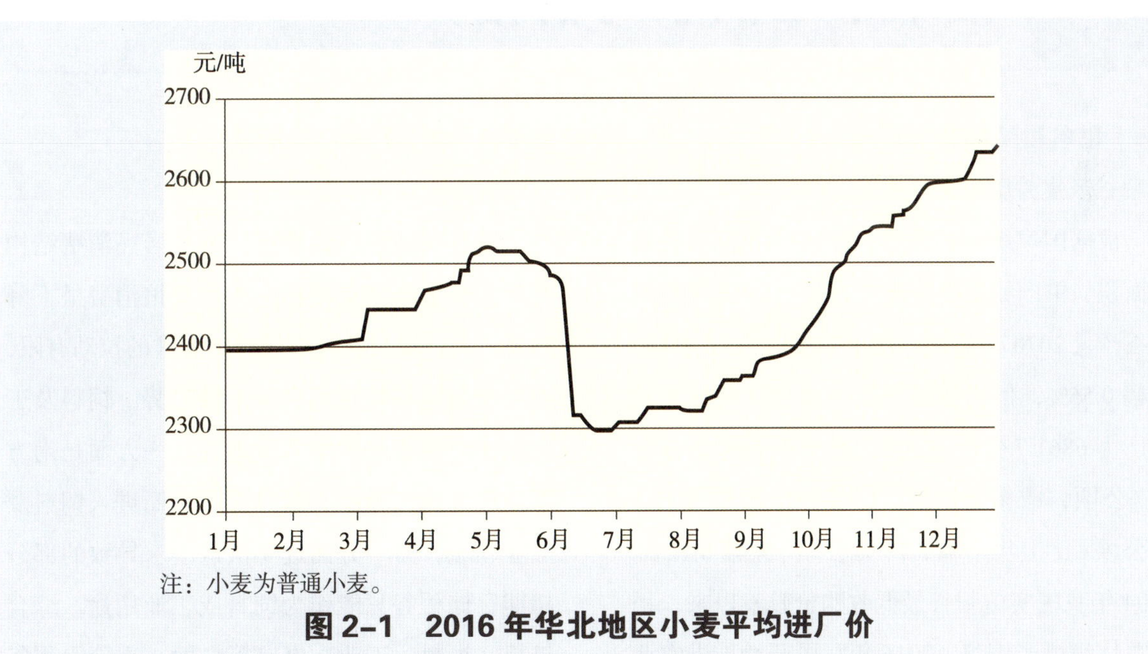

注：小麦为普通小麦。

图 2-1 2016 年华北地区小麦平均进厂价

3. 托市收购发力，小麦价格稳步上涨

自安徽、湖北、江苏、河南四省陆续启动小麦托市收购之后，6 月 30 日，河北、山东也相继启动小麦托市收购。至此，主产区六省已经全部启动托市收购预案。此后，国家粮食局于 7 月 4 日发出了《关于切实做好受灾地区夏粮收购工作的紧急通知》。受此政策影响，市场收购进度加快，收购数量大幅高于 2015 年。国家粮食局数据显示，截至 2016 年 9 月 30 日，各类市场主体共收购小麦 7852 万吨（包括托市

收购和国有企业收购等），较2015年同期增加951万吨，增幅14.3%。受托市收购价格拉动，7～9月小麦市场价格稳步上涨。2016年9月底，华北地区普通小麦市场均价为2400元/吨，较6月初上涨100元/吨。

4. 市场粮源偏紧，小麦价格持续上涨

托市收购结束后，市场小麦价格进入快速上涨通道。一是由于2016年小麦单产和总产双下降，市场新增优质粮源减少。二是2016年新麦上市初期，贸易商入市较为谨慎，不愿做多库存。托市收购结束之后，贸易商存粮较少，惜售挺价意愿较强。三是小麦托市收购量大幅增加，使得市场上可流通粮源较少，市场供应偏紧，推动小麦价格不断走高。四是第四季度面粉消费旺季，制粉企业用粮需求增加，对小麦价格有较强的拉升作用。受多重利好因素推动，10～12月份小麦市场价格持续上涨。2016年12月底，华北地区普通小麦市场均价为2640元/吨，较10月初上涨240元/吨。

三 稻米市场供求与价格

（一）稻谷供给和需求状况

1. 稻谷产量为历史次高水平

根据国家统计局数据，2016年我国稻谷播种面积、单产和总产呈现“三减”。2016年我国稻谷产量20707.5万吨，比上年减少115.0万吨，降幅0.55%，但仍是历史次高水平；稻谷平均单产为6861.7公斤/公顷，比上年下降29.6公斤/公顷，减幅0.43%；稻谷种植面积3017.8万公顷，比上年下降3.75万公顷，减幅0.12%。2004年我国实施稻谷最低收购价政策以来，稻谷总体呈增产态势。2016年我国开始推进农业供给侧结构性改革，主要作物种植结构有所调整，稻谷种植面积和产量略有下降。从品种结构看，粳稻消费区域广、商品率高、种植收益好，生产总体呈扩大趋势；籼稻受进口大米冲击影响，加之部分主产区开展重金属污染耕地修复，种植面积和产量缩减。

2. 国内稻米需求增长平稳

随着我国经济的发展，城乡居民消费结构升级，肉蛋奶消费增加，人均口粮消费呈下降趋势；人口增长速度放缓，对需求的拉动有限，近年全国稻谷口粮消费呈下降趋势。饲料及工业用粮对稻谷的需求有所增加：一方面是南方部分重金属超标稻谷退出食用转而进入饲料及工业领域；另一方面近年供过于求导致的部分超期存储稻谷只能作为饲料或工业用途。综合口粮、饲料、工业、出口等方面，现阶段稻谷消费量平稳略增。

国家粮油信息中心预计，2016/17年度（10月至次年9月，下同）我国稻谷消费总量为18511万吨，比上年增加211万吨，增幅1.2%。其中食用消费为15700万吨，较上年度减少 50 万吨，减幅 0.3%；饲料消费及损耗为 1380 万吨，较上年度增加 160 万吨，增幅 13%，工业消费为 1300 万吨，较上年增加 100 万吨，增幅 8.3%。

3. 大米进口增加，供大于求加剧

在稻谷产量高企的同时，近年我国大米进口量也呈增加趋势，国内稻谷市场供大于求的压力进一步加大。根据海关数据，2012 年开始我国大米进口迅猛增加，当年大米进口 234 万吨，约为 2011 年的 4 倍。此后年度大米进口一直维持在 200 万吨以上，2016 年大米进口增至 353 万吨，比上年增加 5.4%。

2012 年以来大米进口快速增加的主要原因是国内大米价格高于国际大米，进口利润丰厚。近四年广东地区国产早籼米与越南 5% 破碎大米平均价差为 700 ~ 800 元 / 吨，最低也在 200 元 / 吨以上，最高达 1100 元 / 吨。从国际市场来看，全球大米市场同样供求宽松，为我国低价进口大米提供了条件。根据美国农业部数据，2011/12 年以来全球大米产量增加，2016/17 年度预计达创纪录的 48380 万吨，消费量为 47589 万吨，大米期末库存为 12172 万吨，处于历史高位。泰国、越南、印度等主要出口国供应充裕，菲律宾、印尼等主要进口国致力于减少进口，国际大米市场供过于求，价格低位运行，促使我国大米进口保持强劲态势。

另外，2016 年我国出口大米 39.5 万吨，比上年增加 10.9 万吨。

（二）稻米市场价格走势及成因

1.2016 年稻谷价格围绕最低收购价小幅波动

由于我国实行稻谷最低收购价政策，且 2008 年至 2014 年稻谷托市收购价格逐年上调。受此影响，我国稻谷价格总体呈持续上涨的趋势，种植面积和产量也不断增加。到 2015 年，玉米、稻谷阶段性过剩成为各方共识，种植结构调整迫在眉睫。2016 年国家对玉米、稻谷等谷物品种的政策性收购方式及价格开始调整。国家取消玉米临储收购政策，稻谷托市价格也开始改变此前多年来只升不降的趋势，2016 年中晚籼稻和粳稻托市收购价格与上年持平，早籼稻收购价格下调 40 元 / 吨至 2660 元 / 吨。

我国稻谷产量连续增加，加上低价进口大米冲击市场，稻谷市场价格上涨乏力，2016 年稻米价格整体围绕托市收购价格小幅波动。监测显示，2016 年末湖南长沙地区早籼稻（国标三等，下同）收购价 2620 元 / 吨，比年初下降 20 元 / 吨；中晚籼稻收购价 2760 元 / 吨，比年初上涨 30 元 / 吨。黑龙江佳木斯地区粳稻收购价 3100 元 / 吨，与年初基本持平。在新季稻谷集中上市期间，市场价格略有下降；启动托市收购以后，市场价格向托市价格靠拢。

我国约 80% ~ 85% 的稻谷用于大米加工，因此大米市场价格变化趋势与稻谷价格变化趋势相似度极高。2004 年国家实施最低收购价政策以来，大米价格总体稳步上扬，最近几年趋于平稳。

2. 影响我国稻米市场运行的主要因素

（1）基本面供大于求奠定价格运行基调。我国对稻谷口粮品种实行最低收购价政策，意味着每年稻谷市场价格底部确立，有助于稳定农户预期，保障农户种植积极性。育种技术及耕作管理水平提高助力单产增加，稻谷生产能力显著提高。除 2013 年长江中下游高温干旱、2016

年稻谷小幅减产以外，2004年以来我国稻谷产量总体保持增长态势。2016年我国稻谷产量比2003年增加近3成；同期国内稻谷消费量增幅不足2%，供大于求的基本面决定价格上涨乏力。

（2）政策主导稻米市场运行。2013年以来我国已经连续4年全面启动稻谷托市收购预案，即当市场价格低于当年国家规定的最低收购价时，国家以最低收购价收购农民当年生产的稻谷。受制于成本及最低收购价支撑，稻谷价格基本没有下降空间，市场价格基本围绕最低收购价窄幅波动。近几年稻谷市场变化规律大致是，下半年新粮上市之后，国家启动稻谷托市收购，大量粮源流向国有储备库，政策性收购主导收购市场，市场价格向托市收购价格靠拢；上半年国家投放托市（临储）稻谷及各级储备轮换稻谷，其出库价格对市场价格有明显的“导向”作用。2016年国家投放的2015年托市粳稻，竞价销售底价为3190元/吨，“引导”缺粮的东北地区圆粒粳稻价格大部分时间维持在3150 ~ 3200元/吨的高位区间。

（3）低价进口大米冲击，国内稻米价格上涨乏力。海关统计数据显示，2012年之前，我国大米年进口量50万 ~ 60万吨（1995年除外），且大多为泰国优质香米，用于满足国内中高端消费需求；2012年（含）之后大米进口量骤增，2016年创下353万吨的新高。2012年以来增加的进口大米多为东南亚价格低廉的普通白米，约一半以上为越南大米。2016年进口大米理论到港完税均价为2887元/吨，比国产籼米价格低841元/吨，对国产籼米直接造成冲击。

四 玉米市场供求与价格

（一）玉米供给和需求状况

2016年，受国家出台玉米种植结构调整政策影响，国内玉米播种面积出现了近13年来的首次下降，但单产略增，总产量仍处于历史次高水平。同时，在原料成本大幅下滑的影响下，玉米深加工产品价格随之下降，玉米淀粉等产品在众多领域需求扩大，带来了玉米需求的大幅增长。2016年国内玉米仍有结余，但供需结构较上年偏紧。

1. 2016年玉米产量下降，但仍为历史次高水平

2015年11月2日，农业部出台《关于“镰刀弯”地区玉米结构调整的指导意见》。其中指出，近些年来，“镰刀弯”地区玉米发展过快，种植结构单一，种养不衔接，产业融合度较低，影响了种植效益和农民收入，力争到2020年，“镰刀弯”地区玉米种植面积稳定在1亿亩，比目前减少5000万亩以上。

在地方各级政府的大力宣传和引导下，玉米种植结构调整取得显著效果。东北冷凉区、北方农牧交错区等“镰刀弯”地区的非优势玉米产区播种面积下降，农民普遍改种大豆、薯类杂粮、青贮玉米、优质饲草等。国家统计局数据显示，2016年全国玉米播种面积为3676.8万公顷，

比上年减少135.16万公顷，减幅3.54%。

2016年玉米生长期整体气候条件较好，但7月下旬至8月中旬，黑龙江西部、吉林西部、内蒙古东北部地区遭遇持续干旱，对玉米单产造成不利影响。8月下旬，东北此前干旱的地区迎来降水，同时台风“狮子山”过境进一步增加了降水，对东北玉米灌浆成熟有利。总体上看，8月份干旱对东北玉米单产影响有限，平均单产同比提高。国家统计局数据显示，2016年全国玉米单产为5971.3公斤/公顷，比上年增加78.4公斤/公顷，增幅1.33%；2016年全国玉米总产量为21955万吨，比上年下降508万吨，降幅2.3%，但仍为历史次高水平。

2016年国际玉米价格整体走低，国内玉米价格也呈下降趋势，进口玉米利润缩减，进口数量下降。2016年我国进口玉米317万吨，同比下降156万吨，降幅33%。

2. 国内玉米需求大幅增长

国家粮油信息中心估算，2016年度国内玉米消费量为20168万吨，比上年增长2408万吨，增幅13.6%。其中饲料消费约11800万吨，比上年增加1500万吨，增幅14.6%。玉米饲料消费的增长点主要来自于国内养殖回暖、进口杂粮及饲用小麦量的下降；玉米工业消费约6400万吨，比上年增加900万吨，增幅16.4%。受原料玉米价格下降影响，淀粉价格处于2009年以来低位，传统淀粉需求明显增加，比如淀粉糖厂、氨基酸、食品、医药行业等。同时淀粉在新领域的应用也有所扩大，比如塑料制品厂、煤球制造厂甚至建筑行业等。2016年度，国内淀粉行业产能快速扩张，酒精行业则持平略增，淀粉及酒精行业开工率达到近几年的最高水平，深加工玉米消费量大幅增长。

2016年我国玉米出口没有价格优势，出口基本停滞。当年玉米出口只有0.35万吨，较上年减少0.74万吨，减幅68%。

（二）玉米市场价格走势及成因

2016年，国内玉米价格整体呈现下降走势，但阶段性及区域性行情特征明显。

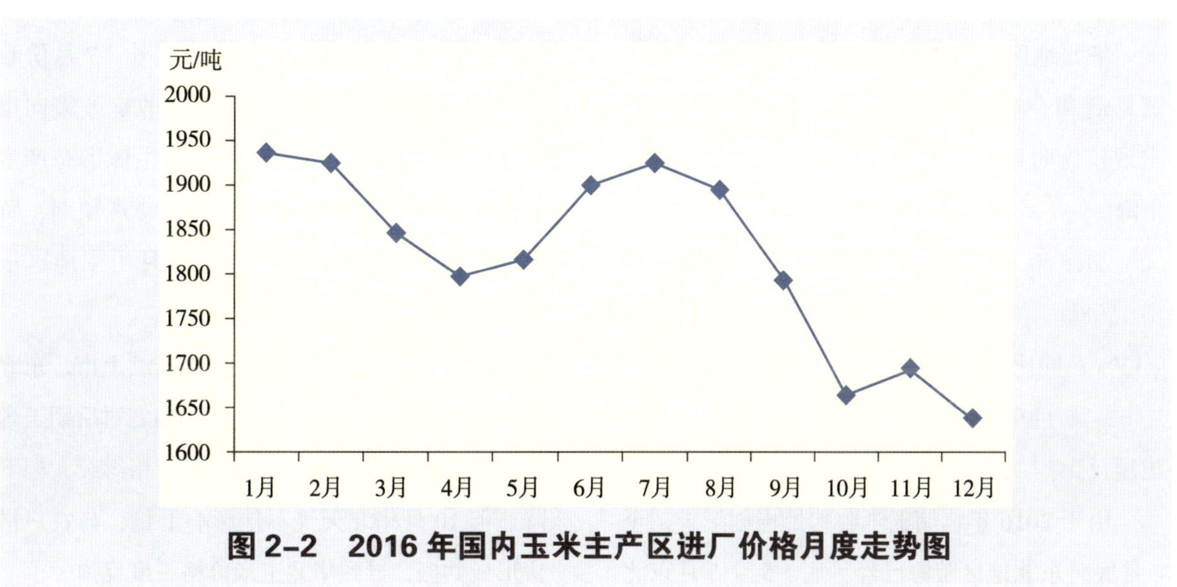

图2-2 2016年国内玉米主产区进厂价格月度走势图

1.1 ~ 4 月价格普遍下跌

2015 年年底，中央农村工作会议提出农业“供给侧结构性改革”，并强调农业“去库存”，加之 2016 年中央一号文件明确玉米临储政策面临调整，市场对临储玉米去库存和收储政策存在颇多猜测，总体对后期玉米价格看跌。在这种背景下，1 ~ 4 月国内玉米价格普遍呈现下跌走势，但华北与东北价格走势略有区别。

东北地区，三等玉米 2000 元 / 吨的临储收购价格成为市场价格的顶部，企业尽量压低库存，农户更愿意将玉米交给临储，贸易商也愿意锁定利润为临储吸收粮源。因此，市场上的粮源大量进入临储，截至 2016 年 4 月 30 日，东北三省一区临储玉米收购总量再创纪录。具体来看,1 ~ 2 月东北玉米价格整体呈下跌趋势，但在 2 月中下旬东北市场粮源减少已经开始支撑价格，企业收购价格出现小幅反弹；随着 3 月华北低价粮源大量补充东北市场，东北玉米价格重新呈下跌走势；进入 4 月后，东北临储转一次性储备的轮换粮开始大规模出库，也对价格有一定压制。

华北地区，由于没有临储收购政策，加之贸易商和企业库存大幅下降，农户余粮较多，出现较为明显的供大于求局面，玉米价格持续下降。

2016 年 4 月份，我国玉米主产区平均价格 1798 元 / 吨，比 1 月下降 138 元 / 吨，降幅 7.13%；同比下降 555 元 / 吨，降幅 23.59%。

2. 5 ~ 6 月东北玉米价格稳中小幅波动，华北出现反弹

由于 2016 年临储玉米收购量再创纪录，至 4 月底时东北地区粮源已经见底。5 ~ 6 月东北地区用粮企业完全依赖政策性玉米供应。在轮换粮和临储玉米拍卖共同作用下，东北地区政策性粮源供应尚可，玉米价格稳中小幅波动。

相比而言，5 ~ 6 月华北地区玉米价格涨幅较大。一是临储玉米收购期间大量玉米倒流东北，加上大量销往南方销区，至 5 月初本地余粮较少。二是华北地区临储转一次性储备的轮换粮有近 30% 进入了贸易商手中，导致轮换粮对市场的供应效果大打折扣。政策性玉米供应量不及预期，用粮企业开始有恐慌心理，甚至开始抢购玉米增加库存，部分贸易商认为新玉米上市前华北供应仍有缺口，也增加玉米库存以留待后期获利。在阶段性供应偏少和补库需求增加的双重影响下，华北地区 5 ~ 6 月玉米价格持续走高。

2016 年 6 月份，我国玉米主产区平均价格 1900 元 / 吨，比 4 月上涨 101 元 / 吨，涨幅 5.64%；同比下降 442 元 / 吨，降幅 18.86%。

3. 7 ~ 10 月价格持续下降

7 月临储玉米拍卖已经稳定市场，而玉米市场除深加工及饲料需求疲软、进口玉米及其替代品持续到港等多重利空因素外，7 月份政府部门不断释放出新季玉米临储收购政策向市场化转型的信号，也对玉米市场主体形态产生了重要影响。市场主体对后市存悲观预期，贸易商急于出售玉米库存，7 ~ 8 月山东地区玉米价格领跌国内玉米市场价格。

进入 9 月，由于华北新玉米陆续上市，东北部分早熟玉米品种也开始上市，加之对后期玉米仍有大规模上市预期，国内玉米价格继续大幅下降。但 10 月华北天气不佳影响上量，与农户惜售形成共振，导致华北玉米价格一度反弹。

10月份，我国玉米主产区平均价格1665元/吨，比6月下降235元/吨，降幅12.36%；同比下降218元/吨，降幅11.56%。

4. 11月价格逆市上涨

受“9·21”公路治超新规开始施行、严格限超限载影响，10月国内物流运力开始紧张，至11月在物流紧张的持续发酵下，导致玉米运输明显受阻，阶段性供应紧张，国内玉米价格逆市上涨。

11月份，主产区玉米平均价格1696元/吨，比10月上涨31元/吨，涨幅1.89%；同比下降231元/吨，降幅11.97%。

5. 12月价格季节性回落

11月运力紧张情况显现后，国家和地方政府高度重视改善运力供给。东北产区采取增加铁路车皮、对玉米整车外运设置专用通道并减免通行费等多项措施，物流紧张状况逐渐缓解。加之华北地区天气好转，国内产区普遍玉米上市量增加，12月玉米市场价格季节性回落。

2016年12月份，我国玉米主产区平均价格1640元/吨，比11月下降56元/吨，降幅3.32%；同比下降323元/吨，降幅16.45%。

五　杂粮市场供求与价格

杂粮是我国种植业“调结构”“转方式”的重要替代作物，是改善居民膳食结构、促进营养健康的重要口粮品种，也是老少边穷地区促进扶贫开发、提高农民收益的重要经济作物。

2016年，我国杂粮大部分品种的种植面积增加，豆类总产量减少，谷物类产量大幅度增加，因此整体产量较2015年有所增加。市场运行中，绿豆、红小豆、黑豆、芸豆、豌豆等杂豆品种的种植收益全线下滑，个别品种出现亏损，其中：高粱、大麦、荞麦、谷子的收益分化，油料作物花生涨跌剧烈、葵花籽品质下降出现滞销。

（一）供给情况

1. 种植面积及产量

2016年全国杂豆类中除豌豆、芸豆面积减少外，其余品种均有增加，总种植面积约848.31万公顷，较2015年增加80.30万公顷，增幅10.46%。全国谷物类杂粮种植面积减少，谷子、大麦等种植面积大幅度降低，其余品种略有增加，总面积约1016.73万公顷，较2015年减少100.24万公顷，减幅高达8.98%。2016年我国绿豆种植面积57.47万公顷，同比增加7.33万公顷，增幅14.62%；黑豆种植面积11.87万公顷，同比增加5.87万公顷，增幅达97.83%；红小豆种植面积26.93万公顷，同比增加11.20万公顷，增幅71.2%；豌豆种植面积9.73万公顷，同比减少0.12万公顷，减幅1.25%；芸豆种植面积大幅度减少，约30.87万公顷，同比减少8.06万公顷，减幅高达20.70%；高粱种植面积48.87万公顷，同比增加3.83万公顷，增幅8.51%；谷子种植面积约59.93万公顷，同比减少24.78万公顷，减幅高达29.25%；大麦种植面积342.27万公顷，同比减少92.07万公顷，减幅达21.2%；花生种植面积466.33万公顷，同比增加6.44万公顷，增幅为1.4%；葵花籽种植面积99.33万公顷，同比增加6.33万公顷，同比增幅达到6.81%。

2016年全国杂粮总产量约3830万吨，较2015年增加约205.81万吨，增幅5.68%。杂豆类产量相比2015年有所减少，产量约1488万吨，同比减少27.52万吨，减幅1.82%；谷物类杂粮产量增加较多，约2342万吨，同比增加178.29万吨，增幅约8.24%。2016年我国绿豆主产区受灾，产量61万吨，同比减少4.54万吨，减幅6.93%；黑豆产量22万吨，同比增加9万吨，增幅达69.23%；红小豆产量37万吨，同比增加10.46万吨，增幅39.41%；豌豆产量21万吨，同比减少1.02万吨，减幅4.63%；芸豆产量37万吨，同比减少41.42万吨，减幅52.82%；高粱产量201.28万吨，同比减少14.43万吨，减幅6.69%；谷子产量183万吨，同比减少80.69万吨，减幅30.60%；大麦产量135万吨，同比减少48.13万吨，减幅26.28%；花生产量1770万吨，同比增幅7.7%；葵花籽产量251万吨，同比增加1万吨，增幅0.4%。

2. 进口情况

海关统计数据显示，我国绿豆进口量稳中略增。缅甸是我国进口绿豆最多国家，缅甸绿豆种植成本低，价格较有优势，2016年进口绿豆均价6800元/吨，而国产绿豆均价8400元/吨，均价比缅甸绿豆高1600元/吨。进口绿豆数量不断增加，使得我国商品绿豆近几年基本处于供应过剩状态。黑豆进口方面，2016年进口量达到1242吨，比2015年全年增加近一半；从数量来看，进口量占全国产量的份额不足1%。红小豆进口量仅2640吨，低于往年同期，进出口方面呈现进口减少、出口增加的局面；豌豆进口92万吨；高粱进口700万吨，同比下降35%左右；2016年大麦进口500.5万吨，同比降幅逾50%。国内荞麦进口量不断减少。由于进口花生出油高、价格低，作为油料具有一定优势，我国花生进口量呈现逐年上升趋势。葵花籽全年进口总量7万吨，增幅1.6%。

（二）需求情况

1. 国内需求

2016年绿豆需求量整体处于微幅下滑态势；黑豆贸易商经营收益不乐观，运费上涨且需求乏力，导致贸易商利润空间受挤压。

我国芸豆分为商品食用和食品加工两大类，用量相差不大。商品食用芸豆占比达到41.81%，食品加工芸豆占比47.25%左右。由于荞麦相关企业规模小、产品同质化严重，企业辐射力不够强，加工基本属于传统产业，自主研发能力较弱，产业升级发展滞缓，深加工发展较慢，所有80%的荞麦用于加工食品，荞麦深加工占比10%。花生种植面积及产量均有所增加，我国花生需求主要由压榨、食用、出口及种子四部分组成，2016年国内花生压榨量为650万吨左右，占国内花生需求的41.85%，同比略增0.58个百分点；食用加工花生量约792万吨，约占需求量的51%，同比略降1.25个百分点。

2. 出口

2016年国产绿豆由于价格过高，出口乏力；黑豆出口量为9802.8吨，同比变化不大，占全年产量的3.65%；芸豆出口量达到46.5万吨，同比上涨24.27%，远超前两年的数量，出口占主导地位；高粱出口量2.01万吨，较2014、2015年增加1倍以上；大麦出口量极少，不到40万吨；荞麦主要靠出口外需拉动，2014～2016年间，因主产国俄罗斯荞麦的竞争力上升，使得我国荞麦出口优势降低。2016年荞麦出口量约2万吨，同比减幅在40%左右；近三年来葵花籽的出口量基本维持在17万～25万吨，出口产品结构相对单一，主要是以未加工或初加工的葵花籽为主，产品附加值相对较低。

（三）杂粮市场形势

2016年高粱的种植面积增加，但总产量下降，供给总量大约738.75万吨，同比下降33.40%。受饲料消费下降影响，总消费量下降至706万吨。期末库存下降至30.25万吨；谷子全年最高价位同比去年涨幅大约13%左右，但是由于高粱、绿豆、红小豆、黑豆等杂粮杂豆种植面积增加，导致谷子的种植面积和产量双下降。2016年进口大麦虽然同比减少了50%多，但对国产大麦冲击仍然较大。2016年我国大麦的食用消费、饲料消费、种用消费、工业消费分别约占消费总量的2%、51%、1%、45%；饲料消费大幅下挫，拖累整体消费量降至600万吨左右；荞麦产量40万吨，供应量增加，价格低位，年度出口需求拉动乏力，对于市场影响有限。葵花籽质量差，存在滞销现象。

因美国、加拿大豌豆价格低，导致我国进口豌豆量不断增加。我国是世界豌豆的最大进口国，其进口额占世界豌豆总进口额的24.81%。

我国是杂粮生产国，种类繁多、品质优良，在国际市场具有明显的生产优势、价格优势和资源优势。但是由于杂粮流通体系不健全，给市场带来了诸多问题。我国许多的杂粮产区新品种推广速度缓慢，在观念上农民多以粮食生产为目标，只求数量，不求质量，造成异色率、异型率高，品种互混严重，导致许多名优产品商品质量下降，优质率和商品率低下，在国内外市场逐渐失去竞争力，影响了我国杂粮的外贸与出口。

六 食用油脂油料供求形势分析

2016年我国油籽油料总产量继续增加，但远不足弥补产需缺口，国内油脂供应主要还是依靠进口来保障，全年油脂新增供应中有67.7%来自进口。2016年我国植物油消费需求继续增加，由于国内临储菜籽油大量投放市场，油脂对外依存度有所下降。在大豆和油菜籽进口量以及国内油料压榨量大幅增加的情况下，当年植物油供应继续保持充裕局面。

（一）油料和油籽总产量继续增加

2016年我国油料（不包含棉籽和大豆）总产量为3629.5万吨，比上年增长2.61%。其中，油菜籽总产量预计为1400万吨，比上年减少6.2%，主要因2015年起油菜籽收储政策调整，种植收益下滑导致播种面积减少；花生总产量为1770万吨，比上年增长7.7%。

2016年国家大力调整种植结构，改革玉米收储政策，减少玉米播种面积。通过目标价格补贴、大豆/玉米轮作补贴等措施鼓励增加大豆播种面积，2016年我国大豆播种面积720.2万公顷，同比增长10.7%；大豆总产量1293.7万吨，同比增长9.8%，接近2012年水平。由于棉花播种面积和产量持续下降，2016年我国棉籽产量再度下降，国家粮油信息中心估计当年棉籽总产量为962万吨，比上年下降4.7%，降幅有所放缓。2016年我国油籽总产量（油料加上大豆和棉籽）为5885万吨，比上年增加146万吨，增幅为2.5%。扣除油籽种子、食用和出口，2016年国产油籽折油总量在1160万吨左右（包括玉米油、米糠油等其他非油籽作物产油）。

（二）食用植物油进口量和进口油籽折油量有所减少

2016年我国进口食用植物油及进口油籽折油总量在2430万吨左右，比上年减少150万吨。进口食用植物油数量大幅减少，进口油籽折油数量略增。

2016年我国进口食用植物油（包含棕榈油硬脂）688.4万吨，比上年减少18.0%。其中，进口棕榈油315.7万吨，比上年减少115.5万吨，减幅26.8%；进口豆油56万吨，比上年减少25.8万吨，减幅31.5%；进口菜籽油70万吨，比上年减少11.5万吨，减幅14.1%；进口葵花油和红花油95.7万吨，比上年增加30.6万吨，增幅47.0%。

2016年我国进口食用油籽（含大豆和棉籽）8952.9万吨，比上年增长2.2%。进口食用油籽折油量在1750万吨左右，比上年增长0.4%。其中，进口大豆8391.3万吨，比上年增加222.1万吨，增幅2.7%；进口油菜籽356.6万吨，比上年减少90.5万吨，减幅20.2%；进口其他食用油籽205万吨，比上年增加64.4万吨，增幅45.8%，主要是芝麻进口量保持增加的态势。

（三）油脂油料消费需求持续增加

2016年我国油脂食用消费量3125万吨，比上年增加125万吨，增幅4.2%。其中豆油消费量1300万吨，比上年增加40万吨，增幅3%。菜油食用消费量780万吨，比上年增加150万吨，增幅23.8%，为食用油消费市场最大的亮点，主要因为临储菜油大量投放市场，且价格较低，2～6月份长江流域一级菜油价格多数时间低于一级豆油，挤占了豆油消费需求，导致菜油消费需求大幅增加。棕榈油食用消费量仅为340万吨，比上年减少100万吨，降幅22.7%，成为减幅最大的品种，主要因棕榈油与豆油价差大幅缩小，豆油替代棕榈油消费。棉籽油食用消费量120万吨，比上年减少10万吨，减幅7.7%。

由于临储菜油大量投放市场，加上蛋白需求持续增加带动大豆压榨继续增长，增加了豆油供应，尽管棕榈油进口大幅下降，但整体供应依然有保障。2016年在油脂消费持续增加的背景下，油脂供需仍呈现供大于求的格局，油脂供应结余 18 万吨。

（四）国内油脂油料价格走势及成因

2016 年国内油脂油料价格整体保持低位震荡走势。全年在超强厄尔尼诺天气影响棕榈油产量的炒作下震荡走高，分为三个阶段。

第一阶段（1 月初到 4 月中旬）：受 2015 年超强厄尔尼诺天气影响，棕榈油产量快速下滑，在油脂供应减少的预期下，国内油脂价格强势反弹。监测显示，4 月中旬华东地区一级豆油报价 6550 ~ 6600 元 / 吨，较年初上涨 500 ~ 600 元 / 吨。华东地区 24 度棕榈油价格在 5900 ~ 5950元吨，较年初上涨400 ~ 450元/吨；长江流域四级菜籽油价格在 6350 ~ 6400 元 / 吨，较年初上涨 200 ~ 250 元 / 吨。

第二阶段（4 月中旬到 9 月底）：由于美国大豆产量预期大幅增加，豆油供应得到保障，加上临储菜油供应市场挤占棕榈油消费，豆油和菜油价格呈现震荡格局，棕榈油则在产量增幅不及预期的支撑下价格持续上涨。9 月底华东地区一级豆油价格为 6450 ~ 6500 元 / 吨，长江流域四级菜油价格为 6350 ~ 6450 元 / 吨，较 4 月中旬变动都不大。华南地区 24 度棕榈油价格为 6500 ~ 6600 元 / 吨，较 4 月中旬上涨 500 ~ 550 元 / 吨。

第三阶段（10 月初到 12 月底）：美国大豆丰产预期落实，但大需求格局也得到确定；棕榈油产量恢复缓慢，全球库存降至近年来低位；国内临储菜油拍卖，在“越拍越少”的预期下用油企业积极参与竞拍，甚至囤货，市场普遍看好未来油脂需求，油脂价格再度走高。监测显示，年底华东地区一级豆油价格为 7300 ~ 7350 元 / 吨，较 9 月底上涨 850 ~ 900 元 / 吨；华东地区 24 度棕榈油价格为 6700 ~ 6750 元 / 吨，较 9 月底上涨 200 ~ 250 元 / 吨；长江流域四级菜油报价 7600 ~ 7650 元 / 吨，较 9 月底上涨 300 ~ 350 元 / 吨。

（五）油脂油料市场主要调控政策

为满足油脂市场供应，2016 年国家粮油交易协调中心分两次公开竞价销售国家临时存储菜籽油，其中 1 ~ 6 月份拍卖成交 220 万吨，10 ~ 12 月拍卖成交 118.9 万吨，全年累计成交临储菜油 338.9 万吨，大幅增加市场供应量，平抑了食用植物油价格上涨。

2016 年国家继续在东北和内蒙古地区实行大豆目标价格补贴试点，国标三等大豆目标价格为 4800 元 / 吨，与上年持平。由于 2015 年黑龙江大豆目标价格政策平均补贴 135 元 / 亩，远高于上年的 65 元 / 亩，吉林、辽宁的补贴额度也较上年大幅增加，农户种植积极性明显提高，再加上玉米收储政策调整，实行“市场定价，价补分离”，引导农户减少玉米播种，大豆和杂粮杂豆的种植面积大幅增加。

2016 年 7 ~ 9 月份国家粮油交易中心竞价销售临储大豆 165 万吨，有效增加市场供应，弥补了国产食用大豆供应不足的缺口。起拍价格在 3000 ~ 3300 元 / 吨，远低于市场价格，部分油厂积极参与拍卖竞购，增加国产大豆压榨数量。

第三部分

粮食质量与安全

一 总体状况

2016年国家粮食局继续在20个省份开展新收获粮食质量调查工作，采集检测样品8663份（其中：小麦2070份、早籼稻603份、中晚籼稻1873份、粳稻965份、玉米2680份、大豆266份、油菜籽206份）。按照粮食的收获季节，完成油菜籽、小麦、早籼稻、中晚籼稻、粳稻、大豆、玉米主产区的质量集中会检工作，基本掌握了当年新收获粮食质量总体情况，并及时发布粮食质量和品质信息，为完善粮食收购政策，促进收储制度改革，做好粮食收购工作提供了重要依据。

二 主要粮食品种收获质量

（一）早籼稻

安徽、江西、湖北、湖南、广东、广西6省（区）共采集检验早籼稻样品603份，样品覆盖59市192县，全部为农户样品。

全部样品检测结果为：出糙率平均值78.6%，与上年持平，一等至五等的比例分别为44.4%、36.5%、15.5%、3.0%、0.3%，等外品为0.3%，中等以上（含）占96.4%，出糙率整体情况与上年基本一致；整精米率平均值为56.8%，较上年下降2.2个百分点，其中达到中等以上（含）要求（44%）的占92.7%，达到一等要求（50%）的占78.9%，较上年下降9个百分点。不完善粒含量平均值3.5%，为近年最低。

调查结果表明：2016年6省（区）早籼稻整体质量平稳。安徽、湖北、广东3省中等以上（含）比例为近年来最好水平；江西省较上年略好；湖南、广西早籼稻整体质量不如上年，湖南一等比例较上年下降7.5个百分点，广西中等以上（含）比例较上年下降3.6个百分点。

（二）中晚籼稻

安徽、江西、河南、湖北、湖南、广东、广西、四川8省（区）共采集样品1873份，样品覆盖95市的381个县（区）。

调查结果表明：8省（区）中晚籼稻总体质量正常，低于上年（近年质量最好）水平，其中出糙率、整精米率、一等品比例、中等以上比例均较上年略低。

8省份全部样品检测结果为：出糙率平均值77.9%，较上年下降0.6个百分点；一等至五等的比例分别为28.4%、45.4%、19.4%、4.5%、1.6%，等外品为0.7%，一等品比例较上年下降16.6个百分点，中等以上的（出糙率在75%以上）占93.2%，较上年下降3.2个百分点。整精米率平均值58.3%，较上年下降2.5个百分点；其中不低于50%（一等）的比例为80.6%，较上年下降9.9个百分点；不低于44%（三等）的比例为90.5%，较上年下降6.2个百分点。谷外糙米含量平均值0.5%，超标（大于2.0%）比例1.8%，维持在上年水平。

（三）粳稻

辽宁、吉林、黑龙江、江苏、安徽5省共采集样品965份，样品覆盖50市135个县和黑龙江农垦总局的6个分局。

调查结果表明：5省粳稻总体质量一般，低于上年（近年质量最好）水平，出糙率、一等品比例、中等以上比例为近年最低，谷外糙米含量高于上年，整精米率与上年持平，维持在正常水平。

5省全部样品检测结果为：出糙率平均值79.9%，较上年降低1.3个百分点；一等至五等的比例分别为45.0%、27.6%、14.7%、6.5%、3.0%，等外品3.2%，一等品比例较上年下降21.4个百分点，中等以上占87.3%，较上年下降9.2个百分点。整精米率平均值69.8%，较上年提高2.3个百分点，其中不低于61%（一等）的比例为95.7%，较上年提高了23.0个百分点，不低于55%（三等）的比例为97.9%，与上年持平。谷外糙米平均值为1.0%，超标比例11.0%，较上年增加了5.8个百分点。

（四）小麦

河北、山西、江苏、安徽、山东、河南、湖北、四川、陕西9个夏收小麦主产省共采集小麦样品1885份，样品覆盖91个市的417个主产县（区）。

从检测数据看，9省2016年夏收小麦整体质量明显不如上年。容重和三等以上小麦比例有所下降，不完善粒超标问题较为突出，除山西省外，各省小麦不完善粒皆有超标。黄淮地区小麦灌浆期和收获期普遍受降雨等气候影响，小麦质量出现异常，江苏、安徽、河南、湖北等4省超标较为严重，主要是生芽粒和赤霉病粒增多，易产生真菌毒素，存在食品安全隐患。

9省全部样品检验结果为：容重平均值783 g/L，变幅627 ~ 850 g/L，一等至五等的比例分别为46.3%、29.1%、14.9%、5.7%、2.6%，等外品占1.4%，中等（三等）以上的占90.3%。千粒重平均值42.9g，变幅28.0g ~ 58.0g。硬度指数平均值62.8，变幅35.6 ~ 78.8。不完善粒含量平均值7.1%，其中，符合国标要求（≤ 10%）的比例为81.0%，10% ~ 20 %为13.1%，20%以上为5.9%。降落数值（降落数值越小，表示发芽越严重；国家标准要求不低于300s）平均值311s，变幅65 ~ 538s。

内蒙古、宁夏、新疆三个自治区共采集新收获小麦样品185份，覆盖13个市（州）的44个主产县（区、旗）。

从检验结果看，三个自治区收获小麦整体质量不如上年。容重、一等占比、三等以上小麦比例、千粒重较上年皆有所下降。内蒙古小麦在灌浆期遇低温天气，收获期受降雨、冰雹影响质量有所下降；新疆的南疆地区近年来大力推广林果种植，小麦与果树套种，小麦质量与产量下降明显；北疆地区收获期遇连续阴雨导致小麦不完善粒增加，降落数值下降。

三个自治区全部样品检验结果为：容重平

均值780g/L，较上年下降21 g/L，变幅665 ~ 829 g/L；一等至五等的比例分别为40.5%、34.1%、15.7%、7.0%、0.5%，等外占2.2%，中等（三等）以上的占90.3%，与上年相比，一等比例下降33.6个百分点，三等以上比例下降9.7个百分点；千粒重平均值40.4g，较上年下降3.9 g，变幅17.1 ~ 53.5g；硬度指数平均值63，与上年一致，变幅55 ~ 68；不完善粒含量平均值4.2%，达标（≤10%）比例为90.8%，较上年下降4.9个百分点，10% ~ 20%为5.4%，20%以上为3.2%；降落数值平均值283s，较上年下降34 s，变幅114s ~ 362s。

（五）玉米

河北、山西、内蒙古、辽宁、吉林、黑龙江、山东、河南、陕西9省（区）共采集玉米样品2680份，样品覆盖112市（州）的495个主产县（区）和黑龙江农垦总局的8个分局。

9省玉米总体质量正常，略好于上年。容重和一等品比例皆高于上年，中等以上比例与正常年景相当；不完善粒含量较上年有所降低，生霉粒含量与上年持平，但生霉粒超标率较上年上升7.0个百分点。内蒙古、黑龙江、山东、河南、陕西5省玉米容重、一等品比例均高于上年水平，中等以上比例与上年相当，整体好于正常年景；河北省玉米容重为历年最高，但一等品比例略低于上年；山西、辽宁、吉林3省玉米容重、一等品比例均略低于上年水平。

9省全部样品检测结果为：容重平均值733g/L，较上年提高6g/L；一等至四等比例为76.2%、17.5%、6.0%、0.3%，无五等和等外品，一等品比例较上年提高了12.9个百分点，中等以上比例为99.6%，与上年持平。不完善粒平均值为3.1%，较上年降低0.3个百分点，符合中等要求（不超过8.0%）的比例为93.6%，较上年增加2.1个百分点；生霉粒平均值为1.2%，与上年相同，达标率为83.2%，较上年下降7个百分点。

（六）大豆

内蒙古、吉林、黑龙江3省（区）共采集大豆样品266份，涉及17个市（州、盟）的59个主产县（市、区、旗）和黑龙江农垦总局的7个分局。

2016年3省（区）大豆整体质量较好。完整粒率、一等品比例、中等以上比例、粗脂肪（干基）平均值、达标高油大豆比例（符合三等标准）均为近年最高，但粗蛋白（干基）平均值和达标高蛋白大豆比例（符合三等标准）较前两年（2015年只有2省参与会检）有所降低。

3省（区）大豆全部样品检测结果为：完整粒率平均值90.5%，为近年最高，变幅77.4% ~ 97.3%；一等至五等的比例分别为21.8%、34.2%、38.3%、3.8%、1.9%，无等外品，中等以上比例94.3%，其中一等品比例、中等以上比例为近年最高。损伤粒率平均值7.2%，略好于上年，变幅0.7% ~ 17.4%，符合等内品要求的比例为60.5%，较上年提高3.5个百分点。

（七）油菜籽

江苏、安徽、江西、河南、湖北、湖南、四川等7个油菜籽主产省份共采集油菜籽样品206份，样品覆盖39市的84个主产县，全部为农户样品。

从样品检验数据看：2016年全国新收获的油菜籽质量整体情况不如正常年景，含油量较正常年景有所下降，中等（三等）以上比例由前两年的86.1%和85.5%下降到46.1%。不完善粒情况较去年略有好转，生霉粒和生芽粒超标比例与上年基本一致，但超标程度明显减轻，除江西省有超过10%的样品生霉粒含量超标外，其他省样品生霉粒含量超标不明显。

7省全部样品检测结果为：含油量平均值38.2%，较前两年降低约2.2%，变幅32.1%～47.3%。一等至五等的比例分别为11.2%、14.6%、20.4%、28.2%、21.8%，等外为3.8%，中等以上的占46.2%，较去年下降了39.3%。未熟粒平均值0.6%，最大值为10.0%，全部符合标准要求（≤15.0%）；生芽粒平均值0.4%，最大值为4.4%，符合标准要求（≤2.0%）比例为96.6%；生霉粒平均值0.6%，最大值为49.7%，符合标准要求（≤2.0%）比例为96.6%；热损伤粒平均值0.0%，最大值为0.3%，全部符合标准要求（≤2.0%）。水分平均值9.0%，变幅3.9%～24.6%。脂肪酸组成检测结果表明，全部样品中芥酸含量不超过3.0%（低芥酸油菜籽标准）比例为36.4%，比上年增长4.9%。

三　优质和专用粮食品种质量

2016年，16个省（区、市）粮食行政管理部门组织开展了品质测报工作，共采集样品7200余份，扦样范围覆盖139个市600多个县（区），获得检验数据12.6万个。各级粮食行政管理部门通过品质信息发布，引导当地粮食种植结构的调整，社会效益显著提高。

（一）早籼稻

2016年早籼稻品质调查中优质稻谷达标率仍然偏低。湖北省调查的38个品种的97份样品中，依据《优质稻谷》国家标准，只有3个品种的5个样品达到优质籼稻三级的标准要求，其他样品主要存在米饭口感总体较差、食味评分较低以及整精米率、垩白和粒型外观指标达标率低等问题；广东省早籼稻全项符合国家优质籼稻标准的比例为4.2%，较上年同期降低18.1%，降幅较大，达标率低。江西省早籼稻样品达到优质籼稻3级国家标准的占23.2%，但没有样品达到优质籼稻一级。

（二）中晚籼稻

福建、江西、湖北、云南4省调查优质（优良）中晚籼稻品种，全项目符合国家优质籼稻标准的比例为：福建省7.8%，比上年下降2.1个百分点；江西省35.3%，较上年提高3.2个百分点；湖北省9.7%，较上年下降1.2个百分点；云南省4.7%。由于优质籼稻粒型较长、病虫害抗性略差，影响中晚籼稻优质稻达标率偏低的主要是整精米率、垩白粒率和垩白度三项指标达标率低。福建中晚籼稻种植品种较为繁杂，且种植比较分散，未能真正形成区域化、规模化。江西中晚籼稻种植情况与福建情况类似，也是品种繁杂，较为分散，很难形成规模化。湖北省调查的250个品种样品中，全项指标达标率比较高的有7个品种，其中3个性状较为突出。云南省种植的优质籼稻品种共12种，与上年相比，品种类型有所变化，品种数量有所增加。

（三）粳稻

辽宁、吉林、黑龙江、江苏、浙江、云南6省优质粳稻品种，全项目符合国家优质粳稻标准的比例为：辽宁省46%，较上年提高6.0个百分点；江苏省6.5%；浙江省0.7%，较上年下降2.8个百分点；云南省8.1%，较上年下降1.6个百分点。辽宁省今年粳稻出糙率、直链淀粉和不完善粒达标率均高于上年水平，整精米率、食味品质、胶稠度达标率与上年持平，影响符合国家优质稻标准的指标主要是不完善粒和垩白度。吉林省粳稻品质调查了180份样品，除胶稠度、粒型指标未调查外，其他指标均符合国家优质稻标准要求的占98.3%。黑龙江粳稻品质调查了919份样品，除垩白度和垩白粒率两项指标外，其他指标都符合国家优质稻标准的占89.0%。江苏省符合国家优质稻标准的样品主要集中在苏北地区，造成稻谷达不到国家优质稻谷标准的最主要是垩白度和垩白粒率，也有部分地区调查指标不全的原因。浙江省影响粳稻符合国家优质稻标准的主要是稻谷垩白度和直链淀粉含量两项指标达标率较低。云南省种植的优质粳稻品种有12种，与上年相比，少了一个品种，品种类型也有所变化。

（四）小麦

各省调查的优质（优良）小麦品种，江苏省调查小麦样品288份，符合国家标准规定优质强筋小麦占15.6%，符合优质弱筋小麦标准的占8.0%，大部分样品不能全项目达标，不达标指标主要是降落值、粗蛋白质含量和湿面筋含量。山东省调查小麦样品74份，调查的小麦样品降落数值和湿面筋含量偏高，粗蛋白含量范围较宽，从稳定时间数值来看，全省大部分小麦属于中筋小麦。河南省调查小麦样品500份，符合国家标准规定优质强筋小麦标准的仅3份，无符合优质弱筋小麦标准的样品，小麦种植品种330个，比上年有所增加，黄河以北地区主要种植中筋和部分强筋品种，小麦降落数值较高，粗蛋白质含量中等，湿面筋含量中等偏上，小麦多以中筋品种为主，强筋小麦集中在少数地区，符合弱筋小麦的很少。陕西省调查小麦样品147份，多以硬质白麦为主，关中中部小麦多为中筋小麦，各指标表现良好且降落数值较低；关中东部小麦容重较高，小麦筋力适中；关中西部小麦降落数值、沉淀值较高，筋力较弱，表现为面团稳定时间、最大拉伸阻力和拉伸面积较低。宁夏对40份小麦样品进行了品质调查，全项符合国家中强筋小麦标准指标要求的占5.0%，较上年下降12.5个百分点；全项符合国家中筋小麦标准指标要求的比例为37.5%。

（五）玉米

河北、山西、内蒙古、辽宁、吉林、黑龙江、山东、河南、陕西9省（区）玉米淀粉含量平均值71.8%，变幅68.9%～74.6%，符合《淀粉发酵工业用玉米》国家标准（GB/T 8613-1999）中等（不低于72%）以上要求的比例为41.9%，较上年下降8.2个百分点；粗蛋白质含量平均值9.3%，变幅6.8%～12.4%；粗脂肪含量平均值4.0%，变幅2.8%～5.7%。山西省调查玉米样品粗蛋白质含量符合《饲料用玉米》国家标准（GB/T17890-2008）的占98.1%，淀粉含量符合《淀粉发酵工业用玉米》国家标准的为98.1%，粗脂肪含量（干基）平均值为3.9%。辽宁省调查玉米样品粗蛋白质含量符合《饲料用玉米》国家标准（GB/T17890-2008）的占95.7%，淀粉含量符合《淀粉发酵工业用玉米》国家标准为100%。吉林省调查玉米样品粗蛋白质含量符合《饲料用玉米》国家标准（GB/T17890-2008）的占88.1%，淀粉含量符合《淀粉发酵工业用玉米》国家标准的为99.4%，粗脂肪含量（干基）平均值3.9%。陕西省调查玉米样品粗蛋白质含量全部符合《饲料用玉米》国家标准（GB/T17890-2008），淀粉含量全部符合《淀粉发酵工业用玉米》国家标准三等要求，粗脂肪含量（干基）平均值为4.0%。

（六）大豆

内蒙古自治区调查大豆样品品质，大豆粗脂肪含量和达标高油大豆比例均为近年最高，其中，粗脂肪含量（干基）平均值20.5%，变幅19.8%～21.4%，达标高油大豆比例为94.4%；粗蛋白含量（干基）平均值39.3%，变幅37.6%～40.3%，达标高蛋白大豆比例为19.4%。吉林省调查大豆样品品质，大豆粗脂肪含量平均值20.7%，较上年提高0.8个百分点，变幅19.0%～22.4%，达标高油大豆比例为76.7%，较上年提高30.0个百分点；粗蛋白含量平均值38.7%，较上年下降1.0个百分点，变幅36.3%～43.7%，达标高蛋白大豆比例为20.0%，较上年下降26.7个百分点。黑龙江省调查大豆样品品质，大豆粗脂肪含量平均值20.5%，为近年最高，变幅18.4%～22.9%，达标高油大豆比例为69.5%，为近年最高；粗蛋白含量平均值38.4%，较上年下降0.8个百分点，变幅35.0%～42.7%，达标高蛋白大豆比例为18.0%，较上年降低19.0个百分点。

第四部分

粮食市场监管

一 粮食仓储管理

2016年，我国安全储粮和安全生产形势总体平稳，仓储管理水平稳中有进，但仍然面临不少新问题。粮食库存总量庞大，结构矛盾突出，储粮形态复杂，存在大量简易仓囤储粮，超期储粮问题较为严重。面对严峻形势，国家粮食局进一步加强仓储管理工作，把储粮安全和生产安全摆在突出位置，出台“一规定两守则”，启动粮食行业全员轮训，寓管理于培训之中；组织开展春秋两季粮油安全大检查，加强技术指导；深入推进中央储备粮代储资格认定行政审批改革，加强粮油仓储设施保护。通过一系列强有力的措施，守住了不发生重特大粮油储存事故和生产安全事故的底线。

（一）出台“一规定两守则”，构建“两个安全”制度和责任体系

2016年，国家粮食局印发了《粮油储存安全责任暂行规定》，强调“预防为主，防治结合”的方针，坚持“谁储粮、谁负责，谁坏粮、谁担责”的原则，对粮油仓储单位、政策执行主体、粮食行政管理部门及其工作人员的责任做出了具体规定，为应对高库存下的安全储粮压力，全面落实、层层压实粮油储存安全责任，从制度上夯实了基础。为使粮库保管人员、管理人员知晓怎么做、如何管，组织行业一流专家在梳理现有制度标准和充分汲取基层经验的基础上编制了《粮油安全储存守则》《粮库安全生产守则》，对易发生储粮安全、生产安全事故的作业、管理环节做出具体规定，成为行业基本操作准则和行为规范，并专门印制两个守则的口袋书，免费发放至地方各级粮食行政管理部门和基层粮油仓储管理单位，基本做到一线工作人员全覆盖，有力推动了两个守则的落实，加强了安全储粮和安全生产指导，对规范从业人员作业与管理行为、提升粮油安全储存和粮库安全生产水平起到了积极作用。

（二）开展粮食行业全员轮训，规范作业与管理行为

国家粮食局在发布“一规定两守则”的基础上，启动了全国粮食行业全员轮训，制订了《培训大纲》，把培训过程打造成强化管理的过程，寓管理于培训之中。在全国层面分南北两个片区，组织开展师资培训，为全员培训奠定良好的师资基础。之后，迅速在全行业掀起了“学规定、学守则”的热潮；同时要求各地因地制宜，延伸培训相关法律法规、制度标准、技术原理等，丰富培训内容，创新培训方式，以集中脱产培训为主，与岗前交底培训和经常性培训相结合。除课堂授课外，还倡导远程教学、邀请专家讲学、指定业务尖子领学、布置自学、组织交流讨论等。通过严格落实大纲要求，确保对从部门到企业各级岗位人员的培训不留空当、不留死角。

（三）组织春秋粮油安全大检查，关键节点狠抓两个安全

春夏、秋冬季节交替是保粮关键时期，库存粮食面临着气温变化过快导致结露、天气干燥带来火灾隐患等问题；加上新粮上市，收购期出入库、进出仓及烘干等作业频率增加，安全问题凸显。为严防严控重特大粮油储存和生产安全事故发生，指导做好安全储粮和安全生产基础工作，国家粮食局组织开展了春秋两季全国粮油安全大检查，充实检查内容、规范检查方法，要求各地按照企业自查、政策执行主体检查、在地检查的程序，对安全储粮和安全生产进行全面、细致的检查，并适时组织赴吉林、黑龙江、安徽、江西等重点省份进行督导和抽查，彻查隐患，督促整改，确保安全。

（四）成立技术指导专家组，为安全储粮和安全生产提供技术指导和智力支持

2016年5月，国家粮食局成立了安全储粮与安全生产技术指导专家组。在国家粮食局安全储粮和安全生产工作领导小组领导下，技术指导专家组在研究和解决“两个安全”管理中的重点难点问题发挥了重要作用，参与了“一规定两守则”的调研和编写工作，在全员培训中发挥了重要的师资作用，多次赴储粮矛盾和安全生产问题突出的地区调研和指导，并开会研讨热点专业问题和重大隐患应对之策，为粮食行业的粮油安全储存和粮库安全生产提供了技术指导和智力支持。

（五）简化审批程序，规范中央储备粮代储资格认定

贯彻落实国务院推进行政审批改革系列精神，精简申报材料（取消资信证明和财务审计报告两项中介服务材料、取消保管员和检验员国家职业资格证书材料）、简化审批程序（取消省级受理报批、改由国家粮食局直接受理企业申请）。为适应变化、优化服务，国家粮食局修改完善《中央储备粮代储资格认定服务指南》，梳理《中央储备粮代储资格认定常见问题及解答》，通过政府网站及时公布，便于公众查询。向社会公开3部咨询电话，确保群众来电必应。派驻业务人员到局行政审批受理窗口工作，提供及时优质的咨询服务。严格依法行政，确保审批质量，在法定时限内完成各项工作。同时，建立健全代储资格管理长效机制，按照相关立法计划稳步推进《中央储备粮代储资格认定办法》（国家发展和改革委员会 财政部令 第20号）修订工作，以更好地为今后依法许可提供有力支撑。截至2016年底，全国共有2385户中央储备粮代储资格企业。其中：粮食类企业2179户，资格仓容12641万吨；油脂类企业206户，资格罐容424万吨。

（六）着力建章立制，促进粮油仓储物流设施保护

为贯彻落实国务院第52次常务会议精神和《国务院关于建立健全粮食安全省长责任制的若干意见》（国发〔2014〕69号）提出的建立国有粮食仓储物流设施保护制度的要求，国家粮食局起草了《国有粮油仓储物流设施

保护办法》，以国家发展和改革委员会令第40号发布，2016年8月1日起正式实施。规章发布后，各地结合实际制定实施细则，积极开展宣贯培训并依法履行仓储设施保护管理职责，粮食行业依法保护仓储设施的意识显著增强，权责明晰、分级保护的仓储物流设施保护机制正在形成。国家粮食局还将仓储设施保护情况纳入粮食安全省长责任制考核体系，通过监督考核强化保护管理责任，推动仓储设施有效保护。

二 粮食流通秩序规范

2016年，粮食监督检查工作紧紧围绕粮食流通改革发展，以全面落实粮食安全省长责任制考核为抓手，以管粮、管企、管人为监管主线，全力实施“监管创新年”行动，着力强基础、补短板、上台阶，认真履行监管职责，为完成粮食流通改革目标任务，保障国家粮食安全作出了积极贡献。

（一）全力实施“监管创新年”行动，开创粮食流通监管的新局面

面对严峻复杂的粮食流通新形势新要求，各地粮食部门认真履职尽责，大胆创新，全力实施“监管创新年”行动，在监督检查体系、工作方式方法、人员队伍建设等方面取得了可喜成绩。一是粮食安全省长责任制考核稳步推进，压实地方政府保障区域粮食安全的主体责任。二是库存检查方式得到进一步优化。强化在地原则，落实地方监管责任，突出问题导向，因地制宜实施监管，逐步建立起中央与地方分级负责，全面检查与随机抽查、专项检查、突击检查相结合，更加灵活有效的粮食库存检查方式。三是“双随机一公开”监管机制在粮食行业得到逐步推广。按照国务院要求，制定并公布了“随机抽查事项清单”和“‘双随机一公开’监管工作细则”，提出了粮食行业“双随机”抽查名录库建设方案。四是示范单位创建方式得到较大改进。依照“动态管理、总量控制、定期复核、能进能出”的管理工作机制，新评定第六批示范单位20家，分批次对前五批评定的示范单位的资格条件进行复核，创建工作效果和质量得到明显提高，示范带动和行业引领作用得到充分发挥。五是适应新形势需要的监督检查队伍初步建立。选取辽宁等9个省份进行试点，依托粮油库存检查专业人才库，按照“国家指导、省级组建、共同使用”的原则，建立了16支共195人的涉粮案件核查应急队伍。

（二）服务粮食供给侧结构性改革，监督检查助推中心工作的作用得到新提升

在收购市场监管方面，适应小麦、稻谷最低收购价政策与玉米市场化收购并存的新形势，

各级粮食部门强化粮食收购市场监管，保护种粮农民利益。国家粮食局根据粮食主产区粮食收储形势，修订了租赁社会粮食仓储设施收储国家政策性粮食指导意见，缓解收储仓容不足压力。及时部署收购检查，明确各方监管责任，并加强收购督导，严查违规案件，及时纠正少数粮食收储企业违反国家粮食收购政策的行为。地方各级粮食部门按照国家粮食局部署，加大粮食收购政策执行情况的专项检查力度。通过强化市场监管，较好地保护了种粮农民利益，保障了最低收购价政策的有效落实，玉米收储制度改革稳妥起步、进展总体顺利，没有发生区域性的“打白条”和农民“卖粮难”问题。

在销售出库监管方面，严格粮食“去库存”监管措施，确保国家合理消化粮食库存工作顺利推进。按照国务院的决策部署，参与制定完善超期储存和蓆茓囤储存粮食定向销售、2013年“分贷分还”临储玉米和大豆销售、中储粮包干临储玉米销售、国家临储玉米转储等方案。会同有关部门联合印发《关于进一步加强国家政策性粮食出库管理工作的通知》及《关于做好合理消化粮食库存监管工作的通知》，完善管理制度、规范业务流程、统一手续凭证、强化监管措施，防范不符合食品安全的粮食流入口粮市场。同时对“去库存”量较大的黑龙江等12个省份合理消化粮食库存监管情况进行了摸底调查，及时掌握“去库存”工作动态。总体看，各地对粮食“去库存”工作高度重视，切实加强组织领导，落实责任分工，认真处理纠纷，为合理消化粮食库存创造良好的市场环境，确保政策实施达到预期效果。

（三）坚持常规检查和专项检查相结合，保障国家粮食安全取得新成效

一是开展粮食库存常规检查，坚决守住“数量真实、质量良好、储存安全”的监管底线。2016年上半年，在部署各省（区、市）开展粮食库存检查的同时，选择安徽、山东、河南、湖北、四川5省作为重点省份，采取“统一抽调、混合编组、集中培训、交叉互查、本地回避”的方式，实行省内混合交叉普查，并委托省级和市级粮食部门对行政区内的中央储备粮进行在地检查。国家有关部门进行了抽查评估，突出重点区域和企业、突出政策性粮食库存、突出混合交叉抽查、突出问题导向、突出责任追究。重点检查和联合抽查共发现各类管理问题474个，督促有关单位限期整改，挂牌督办13起严重违规问题。粮食库存检查的规范、教育、震慑作用得到了有效彰显，粮食库存管理水平不断提高。

二是组织中央储备粮专项检查，外部监管体制机制改革有序推进。2016年下半年，国家粮食局随机选取了中储粮内蒙古、黑龙江、广州、广西4个分公司所属8个直属企业，开展了中央储备粮专项检查。检查发现个别分公司和直属企业存在基础管理工作不扎实、轮换管理粗放、质量入库把关和管理不严、业务管理违规等方面问题，并将发现的问题向中储粮总公司进行了通报，督促限期整改，严肃问责。同时，结合检查，全力推进中央储备粮监管机制改革，深入分析和研究中央储备粮管理出现的重大问题，提出进一步完善的思路和措施，

改革取得了阶段性成效。

（四）注重严查重处与建章立制并举，涉粮案件核查取得新突破

据统计，2016年国家粮食局共受理群众举报和领导批示的案件46件，对其中舆论曝光、社会关注度高的10件重大涉粮案件进行了直接查办，特别是以中央专项巡视反馈问题整改为契机，更加突出执法为民理念，加大了对拖欠农民售粮款案件督办力度。结合媒体反映粮食系统违规违纪案件查处情况，对近年来查处的各类违规违纪问题进行认真梳理，举一反三，积极推进粮食行业作风、政风建设。同时强化案件查办制度建设，会同中央纪委、最高检、公安部制定《粮食流通涉嫌违法违纪案件移送纪检和司法机关暂行办法》，建立涉粮案件查办与纪检、司法机关衔接移送机制。各地畅通举报投诉渠道，及时受理群众举报，依法查处涉粮违法违规案件7569例，其中责令改正4783例，警告1501例，暂停或取消粮食收购资格537户，罚款531例，处罚金额193.29万元。

（五）持续推进社会粮食流通监管，规范市场秩序迈出新步伐

2016年，国家粮食局组织各地有针对性地开展了执行粮食统计制度和军粮质量等情况专项检查。各地共开展执法活动8.43万次，出动检查人员32.5万人次，检查各类粮食企业27万户次，有力地维护了粮食流通市场秩序。

（六）争取地方党委政府支持，监督检查体系建设有了新进展

截至2016年底，市（地）级、县级粮食部门内设监督检查机构分别为320个、1876个，在连续两年减少后首次小幅度增长。成立粮食执法队1814个，同比增加129个，其中市（地）级增加82个，县（区）级增加47个。落实监督检查专项经费1.16亿元，同比增加2321万元。

三 粮食质量安全监管

2016年，地方各级粮食部门按照《2016年粮食质量安全重点工作》《关于推进落实粮食质量安全保障机制的意见》等文件要求，扎实推进粮食质量安全监管，制度建设取得显著成果，粮油标准体系进一步完善，质量安全监测工作更加规范，质量检验检测能力明显提高，粮食质量监管水平得到不断提升，人民群众用粮安全得到有效保障。

（一）完善粮食质量安全监管体制机制

1. 监管制度建设成果显著

国家发展改革委第42号令颁布实施《粮食质量安全监管办法》，对规范粮食经营行为，加强粮食质量安全管理，维护粮食流通秩序提供

了重要的制度依据。国家粮食局制定发布《关于推进落实粮食质量安全保障机制的意见》《关于粮食行业检验检测机构整合工作的指导意见》，指导地方全面强化粮食质量安全监管、合理优化粮食检验检测体系。完成了《超标粮食收购处置指导意见（送审稿）》起草工作，与相关部门达成共识。安徽、湖北、四川、重庆、云南制定（起草）或修订了本地粮食质量安全监管实施细则或补充规定；天津、河北、山西、内蒙古、山东、广东、四川、云南、陕西、甘肃、宁夏研究制定了粮食质量安全保障机制实施方案或意见。内蒙古、辽宁、江苏、浙江、福建、山东、宁夏出台了《粮食质量安全事故（事件）应急处置预案》。北京，天津、山西、江苏、福建、山东、广东等地开展了应急演练。

2. 监管责任层层落实

各地粮食部门建立健全粮食质量安全监管协调机制，推进粮食质量安全监管责任及责任追究制度。按照“一把手”负总责，分管领导具体负责的要求，明确科室职责，落实分级管理，形成了上下对应、快捷高效的工作机制。各地粮食部门按照属地原则，通过采取签订责任书、建立质量档案等措施，督促粮食经营企业落实质量安全主体责任，加强信用体系建设。规模以上粮食企业基本都设置了质量安全管理机构、明确了主要负责人和直接责任人。

（二）扎实开展关键环节粮食质量安全监测监管

1. 稳步推进粮食质量安全监测

国家粮食局在全国范围内采集和检验新收获小麦、稻谷、玉米等主要粮食品种国家级监测样品 3700 份和质量调查品质测报样品 8663 份，对常规质量、品质指标及农药残留、真菌毒素和重金属等食品安全指标进行全面监测。云南、浙江、陕西、辽宁、内蒙古等地结合实际，增加样品数量、开展专项监测、加大经费投入，强化省级粮食质量安全监测工作。江苏、安徽、湖北、河南等省针对小麦质量下降问题，及时开展集中会检，第一时间掌握质量状况。

同时，国家粮食局组织开展了全国库存粮食质量监测，河南等 5 省国家联合抽查以及内蒙古等 4 省（区）中央储备粮专项抽查工作。各地积极组织开展库存粮食质量安全日常监管工作，对于检查发现的问题，及时采取措施，妥善处置，有效防止了不合格粮食流入口粮市场。

2. 加强政策性粮食质量监管

各地以“放心粮油”、军供粮油、应急储备成品粮油、“主食工程”等产品为重点，加强成品粮油质量监管。同时，各地粮食部门积极主动与相关部门协调，建立粮食流通市场联合执法长效机制。

（三）积极稳妥做好不合格粮食处置工作

针对因气候等因素产生的粮食质量下降等问题，国家粮食局及时部署开展专项检测，为宏观决策提供依据。各地粮食部门根据省级人民政府的统一部署，积极推进地方污染粮食收购处置机制建设工作，为粮食收购企业配备快检仪器设备，提升粮食收购质量安全管控能力。江苏、安徽、湖北、河南等省出台省级临储政策，对质量不达标粮食实行专收专存，控制风险。

（四）稳步提升粮食质量安全检验监测能力

2016年国家粮食局下达中央预算内投资2.16亿元，支持87个粮食检验监测机构购置仪器设备，强化基层粮食质量检验监测能力。组织国家粮食质量监测机构开展重金属元素、真菌毒素食品安全检验技术培训与比对考核工作。各地粮食部门加强协调，攻坚克难，创新粮食质量检验监测机构建设模式，确保粮食检验监测体系的系统性、稳定性；组织本地区检验机构和重点粮食购销企业开展基层检化验员现场检验比对培训工作，提升行业整体质量安全保障水平。各级粮食质量安全检验监测机构认真履职，积极为粮食质量安全监管提供技术保障。2016年，全国粮食质检机构合计检验样品超过46.5万个，较上年继续增加。内蒙古、吉林、黑龙江、山东、河南、四川等地区市县级机构业务量增长幅度较大。部分地区鼓励检测机构向社会提供第三方检测服务，建立协议客户，接受社会委托样品数量明显增加。

（五）扎实做好粮食质量安全管理各项工作

1. 认真落实粮食质量安全管理工作考核任务

粮食质量安全监管已纳入粮食安全省长责任制和食品安全工作两项国务院的考核工作。国家粮食局结合实际，研究提出2016年度粮食质量方面的考核指标，指导各地开展粮食安全省长责任制考核自评工作，完成食品安全考核部门复核工作。各地高度重视，扎实工作，16个省级粮食部门和34名个人在2016年国家粮食局粮食质量安全监管工作评估考核中获得优秀。

2. 精心组织粮食质量安全宣传活动

各级粮食部门认真宣传贯彻新食品安全法，切实做好污染粮食处置工作。按照国务院食品安全宣传周活动统一部署，国家粮食局组织开展“粮食实验室开放日”“放心粮油”现场宣传活动，在成都成功举办“全国食品安全宣传周·粮食质量安全宣传日”主场活动。各地结合实际，积极开展粮油食品安全知识竞赛、粮油质量安全宣传进社区、进学校、进军营等活动，有力增强了广大群众对粮油食品安全消费的信心。

3. 着力推进粮食质量安全管理信息化建设

国家粮食局编制粮食质量安全信息化建设方案，推动实施粮食质量安全管理地理信息系统建设。各地粮食部门积极探索“互联网＋粮食监管服务”新模式，推进建设面向社会、监管和服务对象以及监管主体的综合性互联网监管与服务平台。

专栏 “放心粮油”工程

继2008年国务院15号文件提出实施放心粮油进农村进社区示范工程后，2014年国务院69号文件又提出：“2018年年底前，在城乡普遍建立‘放心粮油’供应网络。”这一重要部署，体现了党中央、国务院对粮油质量安全的高度重视和对放心粮油工程的关心支持，为粮食行业在新形势下进一步搞好放心粮油工程、保障粮油质量安全指明了方向，提出了新的目标和任务。全国各级粮食行业协会深入贯彻落实国务院文件精神，带动引领广大粮油企业，深入推进放心粮油供应网络建设，为保障人民群众放心消费、安全消费作出新的贡献。

党的十八大以来，在各级党委、政府的高度重视和大力支持下，在各级粮食行政管理部门、粮食行业协会和广大粮油企业的共同努力下，全国放心粮油供应网络建设快速发展，取得可喜进展，主要有以下特点：

一是各级党委、政府高度重视，积极支持，多数省市县已将放心粮油工程及放心粮油供应网络建设列入政府“民生工程”，重点推进。陕西省人民政府从2013年开始在全省实施放心粮油全覆盖工程，专门印发了《陕西省人民政府关于实施放心粮油全覆盖工程的意见》，成立了由省政府领导同志挂帅、各有关职能部门参加的省放心粮油全覆盖工程领导小组，制定和实施了全覆盖工程实施方案和各项配套制度和措施，安排了专项资金。江苏省人民政府党组在“三严三实”专题教育实践活动中将“加快推进放心粮油工程建设，加大粮油安全监测力度”列为32项重点整改事项之一；苏州、盐城、泰州、镇江、连云港、宿迁等市将放心粮油工程列入政府为民办实事重点项目，纳入政府年度考核，予以督导。湖北省有8个市州、36个县市政府将放心粮油工程列入政府为民办“10件实事”之一。山东省临沂市人民政府连续4年将放心粮油工程列入全市年度民生大事。目前，全国各省（区、市）均已将放心粮油供应网络建设列入粮食安全省长责任制实施方案，正在逐步落实。

二是在各级党委、政府的高度重视下，各地用于放心粮油工程建设的财政资金投入不断加大，带动了社会资金投入，有力地支持了放心粮油供应网络建设。据对20个省（区、市）的粗略统计，2010年以来，用于放心粮油工程建设的各级财政资金投入累计达到10.7亿元，其中2015年投入达到2.54亿元。四川省省级财政资金投入累计达到1.87亿元，撬动地方及社会资金总量达15亿元以上；山东省各级财政用于放心粮油工程的财政资金投入累计达到2.3亿元，其中省级财政资金达到1.7亿元；湖北、山西、吉林等省财政资金投入累计均达到1亿元以上；西藏自治区2015年专门安排区级财政资金108万元用于放心粮油工程建设。从地市级财政来看，苏州市“十二五”期间财政资金投入达到2000多万元；合肥市2015年和2016年共安排800万元财政资金用于放心粮油工程。

三是放心粮油供应网络建设已初具规模，覆盖面越来越广。据不完全统计，全国已建成放心粮油示范企业12447家、建成较规范的放心粮油经销店（挂牌店）17000余家，还发展了10万多家城乡粮油网点，初步形成了放心粮油供应网络的基本架构。陕西省按照统筹规划、统一标准、规范认定的原则，利用3年时间，在全省共建成1082个放心粮油示范店、1247个放心粮油经销点和48个放心粮油配送中心，覆盖全省70%的城乡地区，服务人口2700多万，2015年全省放心粮油供应网点粮油销售量达到76.5万吨，销售收入50.8亿元，实现利润2.27亿元。山西省已建成放心粮油供应网点11000余家，其中示范销售店1215家、示范配送中心141家、放心粮油经销店9762家。四川省已发展各类粮油超市、连锁店5800多家，其中放心粮油配送中心82个，旗舰店79个、展示体验店16个，示范店1000多家。江苏省已建成放心粮油示范销售店2498家。山东省已建成各类放心粮油供应网点2700余家。

四是放心粮油示范企业努力加强管理，提高质量，改善服务，扩大市场，发挥了良好的示范效应。西安爱菊粮油集团在狠抓产品质量的同时，大力开发市场，扩大营销网络，累计投入1亿多元建立了各类连锁网点700多家，通过新建和改造形成了日加工小麦1000吨、大米400吨、食用油1600吨、馒头100万个、豆芽200吨、豆腐及其他豆制品200吨的生产能力，成为西安市放心粮油供应网络的主要载体和政府实施放心粮油、放心主食、放心豆制品的三大惠民工程的主要抓手。湖北荆楚粮油有限公司投资了3亿多元，在全省建立了103家放心粮油配送中心和1684家放心粮油连锁店，实行“五统一”管理，即统一采购配送、统一店名标识、统一经营策略、统一服务规范、统一质量承诺，公司组织各分公司和连锁店积极开展放心粮油进学校、进社区、进单位“三进”活动，已进学校4820家、进单位2万多家。重庆渝百家公司拥有2家大卖场和500多家粮油便利店，实行“线上线下＋物流配送”的经营模式，所有的店配送频次可达每周3次，配送率达90%以上，公司计划到2020年建成粮油便民店3000家。上海粮油先锋便利连锁有限公司目前拥有粮油门店405家，其中直营店220家、特许经营店157家，粮油平价店28家，年营业额超过20亿元，成为上海粮油市场供应的主渠道，为保供稳价、服务民生发挥了重要作用。河北黑马粮油工业有限公司积极开拓农村市场，推进放心粮油进农村，已发展农村粮油连锁店、连锁超市340个，经营品种以粮油食品为主，并扩展到日用百货、学习用品、烟酒糖茶等，品种达4000余种，服务农村人口60多万人，占据集市总人口的80%，农村粮油市场占有率达到80%。

五是各地粮食行政管理部门、粮食行业协会为放心粮油示范企业提供服务、加强监督采取了许多好做法，创造了许多好经验。四川省粮食局制定下发了《四川省放心粮油质量追溯体系技术守则》，规范质量追溯体系的运作；四川省粮食行业协会与中国邮政储蓄银行四川分行签订了“全力支持四川省放心粮油工程战略合作协议”，授信总额100亿元，帮助企业解决融资困难问题。陕西省粮食局加强对放心粮油企业和网点的质量抽查和人员培训工作，3年来共抽检网点 343 个，抽检样品 3168 个；共组织培训 209 次，培训人员 3581 人。江苏省南通市粮食局与工商、质检、民政等联合共建质量、价格、计量、卫生、服务“五放心粮店”243 家。广东省惠州市粮食局和粮油行业协会共同开发了惠州市粮油二维码溯源系统，并且与惠州市公共信用信息管理系统对接，使进驻二维码溯源系统的粮油产品实现了“来源可追、质量可溯、问题可查、责任可究”，全市已有 40 家粮油企业的 126 个产品使用粮油追溯产品的比例达到 80% 以上。

总体来看，放心粮油供应网络建设已经取得了长足的发展和可喜的成果，在保障粮油质量安全和市场稳定、方便城乡居民生活上发挥了积极作用，受到了广大消费者的肯定和欢迎。但是也要看到还存在许多的困难和不足，主要是：放心粮油供应网发展还很不平衡，有些地区起步较晚，进展较慢，网点数量不足，布局不合理，经营不规范；许多粮油加工销售企业资金不足、技术落后、管理粗放、经营不善；放心粮油示范企业的示范引领作用有待增强；政府对粮油质量安全监管力度有待加大等等。

在国家粮食局的指导下，通过各地粮食行政管理部门、粮食行业协会和广大粮油企业的共同努力，一定能够建成一个覆盖全国城乡、惠及千家万户、放心安全优质的粮油供应网络。

第五部分

粮食宏观调控

一 政策性收购

为切实保护农民利益，促进粮食生产稳定和农民增收，2016年国家继续在部分粮食主产区实施小麦和稻谷最低收购价政策，在新疆实施小麦临时收储政策，由中储粮总公司组织执行。2016年部分稻麦兼作区仓房普遍高装满储，仓容十分紧张，国家有关部门对此高度重视，提前谋划，及早部署。小麦和稻谷最低收购价执行预案较上年提前一个多月印发。各地因地制宜、多措并举，克服仓容紧张、阴雨洪涝等困难，认真抓好粮食收购政策落实，没有出现大范围“卖粮难”，有效保护了种粮农民利益。

2016年小麦、早籼稻、中晚籼稻、粳稻最低收购价分别为每斤1.18元、1.33元、1.38元、1.55元，除早籼稻下调0.02元外，其余均保持2015年水平。新粮上市后，由于市场价格低于最低收购价格，河北等6省、安徽等4省、湖北等9省分别启动了小麦、早籼稻和中晚稻最低收购价执行预案，新疆启动了小麦临时收储。各地和有关中央企业认真执行国家粮食收购政策，全年收购政策性粮食13345万吨（含2015年产临储玉米）。安徽、湖北、河南等地认真贯彻落实粮食安全省长责任制，抓好超标小麦收购，最大限度减少农民因灾损失。

二 粮食储备及轮换

（一）中央和地方储备粮油轮换顺利

加强中央储备粮管理，进一步调整优化区域布局，督促和指导2016年度中央储备粮油轮换计划执行，及时下达2017年度中央储备粮油轮换计划。各地着力抓好地方储备粮油轮换，发挥好储备粮油吞吐调节作用，不断完善管理和运行机制，创新模式方法，地方储备粮管理的规范化、法治化、科学化水平有了新的提高。

（二）地方储备增储工作扎实推进

各地高度重视地方储备增储工作，切实加强组织领导，优化落实方案，增储任务顺利完成。截至2016年末，各地地方储备基本落实到位。其中河北、山西、内蒙古、浙江、安徽、山东、广东、重庆、四川、云南、甘肃、宁夏等12个省份超额完成增储任务。各地坚持一手抓增储工作，一手抓强化管理，制度机制进一步健全。

三　粮食市场监测

近年来，国内外粮食流通形势发生了深刻变化，粮食供给、消费结构不断调整，粮食供给侧结构性改革持续推进。粮油市场监测预警对加强和改善粮食宏观调控，科学引导粮食生产、流通和消费，保持粮食市场基本稳定，发挥了重要作用。2016 年，在征求各地和有关单位意见的基础上，国家粮食局对粮油市场信息直报点的数量和布局进行了调整，优化了监测方案，强化了工作考核，市场监测能力大大提升。

（一）扩大监测覆盖面

根据近年来我国粮食生产、流通、加工和消费等形势变化，科学调整国内粮油市场监测范围，优化监测网点布局，监测点数量由原来的 560 个增加到 1072 个。同时，作为大豆目标价格改革试点中大豆市场价格监测工作的五家监测单位之一，重新调整并增加了东北三省和内蒙古地区的大豆市场价格监测直报点，提高了监测数据的代表性。

（二）优化监测方案

从粮食收购、进厂、批发、零售的产业经济链条出发，科学设置原粮、成品粮、粮油加工副产品、深加工产品的监测价格类型和监测品种，同时采集进口完税价、港口销售价、期货主力合约成交价等信息，形成完整灵敏的市场价格监测体系。

（三）积极发挥市场监测作用

2016 年 10 月下旬，国家粮食局启动东北玉米收购进度日报，建立了覆盖 184 个县、791 个监测点的玉米收购价格网上直报系统，及时向国务院办公厅、玉米收储制度改革和收购工作协调机制成员单位报送相关信息，受到各方面充分肯定。在国家粮食局网站及时发布东北玉米收购进度、市场价格等信息，指导有关央企始终在市、均衡收购，引导各类市场主体积极入市，对玉米收储制度改革的顺利推进发挥了积极作用。在河北遭遇洪涝灾害、江苏发生龙卷风、新疆阿克苏发生地震期间，加强对当地粮油市场价格的监测，为应急救灾、保供稳价提供信息支持。

（四）加强粮油市场分析研判

针对粮食市场价格变化，深入调查研究变化成因，充分发挥专家会商机制作用，分析研判国内外粮食市场走势，主动提出政策措施建议，及时发布市场监测信息，为推进粮食供给侧结构性改革、完善粮食收储制度提供有力的信息支撑。同时，通过有关国际组织网络平台，定期收集重点国家农产品生产、消费、库存、贸易、价格等信息，及时掌握国际粮食市场变化趋势。

四 粮食产销合作

粮食产销合作是促进区域供求平衡的重要手段。随着玉米收储制度改革的稳步推进，粮食流通环境发生了深刻变化，为粮食产销合作提供了更为广阔的空间，进一步促进了2016年粮食产销合作的发展。一是地方政府搭建平台、主动作为，国家有关部门积极推动、大力支持。一方面督促销区积极到产区采购粮源充实地方储备和库存，另一方面在资金、运输等方面加强协调保障。吉林、内蒙古、黑龙江、浙江、福建等地政府举办了全国具有影响力的产销衔接洽谈会，为产销区企业搭建合作平台。还有不少地方政府举办了省内粮食产销合作活动，参与企业更加广泛，影响力不断扩大。二是产销合作形式更加多样。既有传统的产销见面洽谈签约活动，也有长期订单、异地储备、粮源基地等合作方式；不仅有线下合作，而且开始运用国家粮食电子交易平台、“粮达网”等线上方式进行产销合作。三是合作效果明显。黑龙江、吉林、内蒙古3省（区）与销区签订玉米等销售协议分别达2500万吨、950万吨、600万吨，福建省与产区签订粮食采购协议630万吨，均创历史新高。

五 粮食市场交易

2016年，粮食“去库存”是粮食供给侧结构性改革的重要内容，也是粮食调控工作的难点热点。国家有关部门注意把握好“去库存”的节奏和力度，合理安排投放品种和数量，适时增加新粮投放，优先安排核心主产区粮食销售，既积极稳妥消化了库存粮食，又满足了市场需求，保持了市场平稳，还为重点产区新粮收购腾出了仓容，有效缓解了收储压力。各地切实强化企业购买资格审核和市场监管，维护好交易秩序，加快成交粮食出库消化，江苏、安徽两省还出台了相关补贴政策，共同推动“去库存”工作顺利开展，取得了阶段性成效。在粮食连续丰收、消费相对低迷和进口替代数量依然较大等复杂背景下，全年共销售成交各类政策性粮油6178万吨。

第六部分

粮食流通体系建设

一 粮食仓储物流体系

2016年，各级粮食部门按照《粮食收储供应安全保障工程建设规划（2015～2020年）》的安排部署，在发展改革、财政等部门的大力支持下，全力推动粮食仓储物流体系建设工作，积极服务粮食宏观调控，极大增强了国家粮食安全保障能力。据统计，中央财政资金共投入约52亿元用于粮食仓储物流体系建设。

（一）继续加强粮食仓储设施建设

2016年，国家累计安排中央补助投资约20亿元，建设仓容973.7万吨。其中，年初安排投资约10亿元，建设仓容307万吨。年中，经国务院批准，又追加中央预算内投资10亿元，支持江苏、安徽、江西、湖北、湖南等南方5省建设仓容666.7万吨，用于缓解部分地区收储仓容紧张的压力。同时，下达江苏、安徽2省储粮罩棚建设任务263万吨，作为防止发生农民“卖粮难”的兜底措施之一。

（二）不断完善粮食现代物流体系

2016年，国家共安排中央补助投资9.72亿元用于粮食现代物流项目建设。进一步完善“北粮南运”八大跨省粮食物流通道，形成了盘锦、舟山、东莞等一批具有一定辐射带动能力的散粮物流节点，建设了南宁中国—东盟粮食物流园区、西安粮食物流枢纽、贵州西南粮食城等一批多功能粮食物流园区。目前，粮食物流节点和园区的集散功能进一步完善，铁路运输瓶颈明显缓解，汽车散粮、内河船舶散粮运输稳步发展，多式联运能力显著提高，粮食运输效率不断增强。

（三）持续推进“危仓老库”维修改造和粮库智能化升级改造

2016年，粮库智能化升级改造工作持续推进，通过竞争性评审，确定了山东、安徽、四川、湖北、贵州、河北、重庆、青海、宁夏、甘肃、广西、浙江、陕西、江西等14个重点支持省份。中央财政共安排22亿元中央补助资金用于“危仓老库”维修改造和粮库智能化升级，对改善粮食仓储设施条件，提升仓储功能发挥了重要作用。

二 粮食应急保障体系

2016年，各省（区、市）粮食局以粮食安全省长责任制考核为契机，加大投入力度，进一步健全各级特别是基层粮食应急供应保障体系，应急保供能力显著提高。一是做好粮食应急预案的编制、修订、完善工作。有关省（区、市）对省级粮食应急预案进行修订完善，督促没有粮食应急预案的市、县政府尽快编制并发布，粮食应急预案覆盖面进一步扩大。安徽、陕西等省已实现粮食应急预案覆盖全部市、县。二是加大应急体系建设投入力度。有关省（区、市）严格按照粮食安全省长责任制要求择优确定粮食应急加工、供应等企业，并重新签订协议，强化企业责任意识。河北、山东等省积极协调财政部门争取资金支持，对省内粮食应急加工、供应企业进行提升改造，全面提高粮食应急加工、配送、储运能力。截至2016年底，全国各省（区、市）共确定粮食应急供应网点45309家，粮食应急加工企业5823家。三是认真组织开展粮食应急演练和观摩培训，切实提高实际操作能力。北京、内蒙古、贵州、青海等省（市）制定了详细的工作方案、进行周密安排部署，确保培训、演练成功举办，锻炼了粮食系统干部队伍。四是切实做好粮食应急供应工作。河北省“7·19”洪涝灾害、江苏盐城龙卷风灾害、新疆阿克苏地震等自然灾害发生后，当地粮食部门积极参加抢险救灾工作，加强监测预警，督促相关企业做好粮源采购和应急供应，确保了粮食市场供应和价格基本稳定。

三　粮食产业经济发展

2016年粮食产业经济呈现良好发展势头。粮食产业产值和经济效益平稳增长，产业结构和布局逐步优化，2016年粮油加工企业1.8万家，实现工业总产值2.8万亿元，同比增幅13.3%，利润总额1321亿元，销售收入利润率2.6%。在国内经济发展进入新常态的形势下，大力发展粮食产业经济、加快培育粮食产业发展新动能，已经成为推进企业提质增效、产业转型升级、行业转型发展的重要基础和拉动粮食主产区经济发展和农民就业增收的重要支撑。

（一）国家系列重要政策加大支持粮食产业发展

《国务院办公厅关于进一步促进农产品加工业发展的意见》（国办发〔2016〕93号）等文件提出推进农产品加工业向优势产区集中布局，形成生产与加工、科研与产业、企业与农户相衔接配套的上下游产业格局；支持农户和农民合作社改善储藏、烘干、清选分级等设施装备条件，促进商品化处理，减少产后损失；支持主食加工业发展，引导城乡居民扩大玉米及其加工品食用消费等。《国务院办公厅关于开展消费品工业“三品”专项行动营造良好市场环境的若干意见》（国办发〔2016〕40号）提出通过“增品种”“提品质”“创品牌”，不断促进消费品工业迈向中高端。为促进玉米深加工转化，经国务院批准，自2016年9月1日起，将玉米淀粉、酒精等10

种玉米深加工产品的增值税出口退税率恢复至13%。为支持玉米购销市场化改革，引导多元主体积极入市收购，促进玉米加工转化和深加工企业稳定发展，缓解农民“卖粮难”，根据国家要求，东北三省和内蒙古自治区陆续出台了玉米深加工企业收购加工新产玉米奖补政策。补贴对象为生产经营地在本省（区）范围内、规模以上、就地采购、自建仓储设施的各类玉米深加工企业，补贴政策执行期截止到2017年6月底。

表 6-1 2016 年国家出台的粮油加工政策

序号	文件名	产业类别	主要内容政策
1	中共中央 国务院关于全面振兴东北地区等老工业基地的若干意见（中发〔2016〕9号）	粮油加工业	1. 积极培育新产业新业态。充分发挥特色资源优势，积极支持中等城市做大做强农产品精深加工、现代中药、高性能纤维及高端石墨深加工等特色产业集群。 2. 加快发展现代化大农业。率先构建现代农业产业体系、生产体系、经营体系，着力提高农业生产规模化、集约化、专业化、标准化水平和可持续发展能力，使现代农业成为重要的产业支撑。在稳定粮食生产、确保粮食安全的基础上，发展现代畜牧业、园艺业、水产业以及农畜产品加工和流通业，优化农业产业结构和区域布局，提高农业整体效益和竞争力。继续实施农产品产地初加工补助，提升就地加工转化水平，培育一批农产品加工产业集群和绿色食品加工产业基地。 3. 不断提升基础设施水平。适当扩大东北地区燃料乙醇生产规模，研究布局新的生产基地。
2	国务院办公厅关于开展消费品工业“三品”专项行动营造良好市场环境的若干意见（国办发〔2016〕40号）	粮油加工业	贯彻落实党中央、国务院关于推进供给侧结构性改革、促进工业稳增长调结构增效益和建设制造强国的决策部署，更好满足和创造消费需求，不断增强消费拉动经济的基础作用，促进消费品工业迈向中高端。 （一）增品种。支持企业深度挖掘用户需求，适应和引领消费升级趋势，在产品开发、外观设计、产品包装、市场营销等方面加强创新，积极开展个性化定制、柔性化生产，丰富和细化消费品种类，推动中国制造向中国创造转变。 （二）提品质。培育和弘扬精益求精的工匠精神，引导企业树立质量为先、信誉至上的经营理念，立足大众消费品生产推进“品质革命”，走以质取胜、质量强国的发展道路，推动中国制造加快走向精品制造，赢得大市场。 （三）创品牌。引导企业增强品牌意识，夯实品牌发展基础，提升产品附加值和软实力，推动中国产品向中国品牌转变。
3	国务院办公厅关于进一步促进农产品加工业发展的意见（国办发〔2016〕93号）	粮食加工业	二、优化结构布局。（四）推进向优势产区集中布局。根据全国农业现代化规划和优势特色农产品产业带、粮食生产功能区、重要农产品生产保护区分布，合理布局原料基地和农产品加工业，形成生产与加工、科研与产业、企业与农户相衔接配套的上下游产业格局，促进农产品加工转化、增值增效。支持大宗农产品主产区重点发展粮棉油糖加工特别是玉米加工，着力建设优质专用原料基地和便捷智能的仓储物流体系。支持特色农产品优势区重点发展“菜篮子”产品等加工，着力推动销售物流平台、产业集聚带和综合利用园区建设。支持大中城市郊区重点发展主食、方便食品、

续表

序号	文件名	产业类别	主要内容政策
3	国务院办公厅关于进一步促进农产品加工业发展的意见（国办发〔2016〕93号）	粮食加工业	休闲食品和净菜加工，形成产业园区和集聚带。支持贫困地区结合精准扶贫、精准脱贫，大力开展产业扶贫，引进有品牌、有实力、有市场的农业产业化龙头企业，重点发展绿色农产品加工，以县为单元建设加工基地，以村（乡）为单元建设原料基地。（五）加快农产品初加工发展。以粮食、油料、薯类、果品、蔬菜、茶叶、菌类和中药材等为重点，支持农户和农民合作社改善储藏、保鲜、烘干、清选分级、包装等设施装备条件，促进商品化处理，减少产后损失。通过实施相关项目和推广实用技术，推动农产品初加工水平整体提升。（七）鼓励主食加工业发展。拓宽主食供应渠道，加快培育示范企业，积极打造质量过硬、标准化程度高的主食品牌。研制生产一批传统米面、杂粮、预制菜肴等产品，加快推进马铃薯等薯类产品主食化。引导城乡居民扩大玉米及其加工品食用消费。 三、推进多种业态发展。（九）支持农民合作社等发展加工流通。扶持农民合作社、种养大户、家庭农场建设烘储、直供直销等设施，发展“农户＋合作社＋企业”模式，引导农民以土地经营权、林权和设施装备等入股农民合作社和企业。推进“粮食银行”健康发展，探索粮食产后统一烘干、贮藏、加工和销售的经营方式。 五、完善政策措施。（十七）加强财政支持。支持符合条件的农产品加工企业申请有关支农资金和项目。新型农业经营主体购置仓储烘干设备，可按规定享受农机购置补贴政策。完善农产品产地初加工补助政策，有条件的地方要扩大补助资金规模。各地要积极支持农产品加工原料基地、公共设施、物流配送体系建设和技术改造。
4	关于恢复玉米深加工产品出口退税率的通知（财税〔2016〕92号）	玉米深加工业	经国务院批准，自2016年9月1日起，将玉米淀粉、酒精等10种玉米深加工产品的增值税出口退税率恢复至13%。

（二）编制印发《粮油加工业“十三五”发展规划》

2016年上半年，国家粮食局组织武汉轻工大学等单位扎实开展“粮油加工业转型升级重点课题研究”，凝练了基本思路；深入山东、四川等地基层粮食企业开展专题调研，凝聚各方共识。起草组在认真形成《规划》（初稿）基础上，广泛征求了各司室、直属联系单位、有关涉粮行业协会、各省级粮食局和央企的意见；多次召开座谈会，听取企业和专家意见。《规划》修改完善后征求了国家发展改革委、财政部等16个相关部门意见，并咨询了行业相关资深专家。经局长办公会审议印发了《粮油加工业“十三五”发展规划》（国粮储〔2016〕278号）。

《规划》突出了贯彻五大发展新理念、推进粮食行业供给侧结构性改革和发挥市场主导作用，客观分析了面临形势，科学提出了指导思想、基本原则和发展目标，研究提出了增加绿色优质粮油产品供给、优化调整产业结构、推进一、二、三产业融合发展、强化科技创新支撑引领、培育新的产业经济增长点和加强应急加工供应保障体系建设六大重点任务。

（三）针对消化玉米库存发展生物基新材料、燃料乙醇开展专题研究

2016年3月，国家粮食局组织赴吉林省调研聚乳酸产业发展情况；10月，赴湖北、江苏、山东等地及相关协会调研，对发展淀粉基塑料的技术经济可行性进行深入研究，测算了市场规模潜力，提出了“多措并举、多渠分流、政府主导、委托加工”的操作模式，研提了政策措施建议。同时，委托国家粮食安全政策专家咨询委员会，组织专家对改造利用现有产能增加燃料乙醇产量加快玉米去库存问题进行专题研究，提出措施意见，并配合国家发展改革委、国家能源局就发展燃料乙醇促进玉米库存消化研究有关实施方案。

（四）开展对各地“仓顶阳光工程”调研

收集整理了光伏发电的国家、地方政策，主动与国家能源局进行沟通，赴山东、安徽进行调研总结，与试点建设粮库及相关光伏企业进行座谈，在此基础上研究起草了《“仓顶阳光工程”试点建设建议》。据不完全统计，目前全国已建成粮库光伏发电项目10个，光伏发电装机容量17054千瓦，在建项目装机容量4300千瓦，拟建项目装机容量21093千瓦。

（五）促进粮食产业经济发展取得明显成效

2016年，浙江、福建、山西、安徽、河南、山东省政府以及黑龙江、贵州、湖北、内蒙古、陕西、江西、安徽、山东省（区）粮食局出台了相关促进粮食产业经济发展、整合重组、化解过剩产能、品牌建设等指导意见。《浙江省人民政府办公厅关于加快粮食产业经济发展的意见》中提出：用五年左右时间打造千亿粮食产业经济，总产值达到1000亿元，实现利税100亿元。《福建省人民政府关于培育新型粮食市场主体促进粮食产业发展的意见》明确省级财政每年统筹安排专项资金，重点支持大米和小麦粉加工企业的设施设备技术改造、粮食质量检测能力建设、自动送料仓建设、信息化建设提升、节能环保、节粮减损和“机器换工”等项目。河南省政府决定，从2016年商品粮大省奖励资金中拿出2亿元，吸纳社会资金3亿元，建立5亿元的主食产业化和粮油深加工扶持基金，推动主食产业化和粮油深加工发展，做大做强龙头企业。湖北、吉林、辽宁、宁夏、山东、河南等省（区）粮食局安排了专项资金支持粮油精深加工，各省级财政支持资金合计约7.56亿元。

专栏　“粮安工程”

2013 年“粮安工程”全面实施以来，在发展改革委和财政部门的大力支持下，粮食部门切实加强组织领导和统筹协调，全力推进“粮安工程”建设，取得了明显成效。

一是在粮油仓储设施建设方面，2013 ~ 2016 年，累计安排中央预算内投资 160 多亿元，安排 7500 多万吨新仓建设任务，粮食收储能力大幅提升，为粮食连年丰收情况下的粮食收储奠定了坚实的物质基础。同时，中央财政持续支持“危仓老库”维修改造和粮库智能化升级改造，2013 ~ 2016 年累计补助 90 多亿元用于粮库维修改造、功能提升以及粮库智能化升级改造，极大改善了粮食仓储设施条件，有效保障了粮食收储安全。特别是江苏、安徽等省份一些经维修改造的“危仓老库”，经受了 2016 年南方暴雨和洪涝灾害的考验，保证了储粮安全。

二是在粮食物流通道建设方面，2013 ~ 2016 年，累计安排中央预算内投资 30 多亿元，建设和配置了一大批散粮设施，粮食物流节点建设覆盖面进一步扩大，散粮接卸设施布局逐步完善，运输方式不断优化，建设了南宁中国 - 东盟粮食物流园区、西安粮食物流枢纽、贵州西南粮食城等一批集粮食仓储、物流、加工、交易等功能于一体的粮食物流园区，粮食物流效率明显提升。

三是在应急供应体系建设方面，截至 2016 年底，全国粮食应急加工企业 5823 个，应急供应网点 45309 个，粮食应急保供能力不断提升。

四是在粮油质量安全能力建设方面，2013 ~ 2016 年，累计安排中央预算内投资 6 亿多元用于粮食质量安全检验监测能力建设，粮食质量安全检验能力显著提升。截至 2016 年底，各级粮食行政管理部门的专业检验监测机构达到 800 家，采集、检验粮食样品覆盖全国 31 个省（区、市）240 个市的 972 个县（区），为保障“舌尖上的安全”发挥了重要作用。

五是在粮食节约减损方面，2013 年以来，粮食储存、物流、加工、消费等各环节的节约减损工作不断推进。累计安排中央预算内投资约 9 亿元为 400 多万农户配置科学储粮装具，使农户存粮环节损失浪费有效减少。同时，随着“危仓老库”维修改造的有力实施，粮食散粮接卸设施和运输工具的推广，以及节能环保新工艺、新装备的推广应用，粮食储存、运输环节的损耗明显降低，品质也得到了有效保障。另外，积极开展加工业节粮减损工作，持续推进爱粮节粮宣传活动，也对促进全社会节粮减损、反对浪费发挥了重要作用。

第七部分

粮食流通体制改革

一 粮食流通体制改革概述

2016年1月，国家粮食局召开全国粮食流通工作会议，强调要牢固树立“五大发展理念”，深入贯彻国家粮食安全战略，全面落实粮食安全省长责任制，改革创新、主动作为、稳中求进，立足行业实际去产能、去库存、降成本、补短板，坚决打好粮食收购“攻坚战”和安全储粮“持久战”，加快实施“粮安工程”，大力发展粮食产业经济，统筹推进粮食流通改革发展各项工作，为促进经济社会持续健康发展作出新贡献。

2016年粮食流通改革的总体思路是：以创新发展、协调发展、绿色发展、开放发展、共享发展“五大理念”为统领，重点是推进三项改革、建立三项制度，即：改革完善粮食收储制度，改革完善中央储备粮管理体制，深化国有粮食企业改革，建立粮食安全责任考核评价制度，建立安全储粮和安全生产问责制度，建立粮食产业经济发展统计制度。

在改革完善粮食收储制度方面，研究完善粮食等重要农产品收储制度。继续执行并完善小麦和稻谷最低收购价政策。新粮上市后，河北等6省、江西等4省、黑龙江等9省分别启动了小麦、早籼稻、中晚籼稻最低收购价执行预案。安徽、湖北、河南等地还积极采取省级临储、购置设备、给予补贴等方式，认真抓好超标小麦收购工作。

积极推进玉米收储制度改革。这是党中央、国务院的一项战略部署，是农业供给侧结构性改革的第一场硬仗。改革的内容是取消玉米临储政策，改为“市场定价、价补分离”，实行“市场化收购”加“补贴”的新机制。国务院领导高度重视，成立了由国家发改委牵头、20个部门参加的部际协调机制，明确由国家粮食局负责日常工作。内蒙古、辽宁、吉林、黑龙江粮食部门主动担当、积极作为，制订工作方案，协调落实鼓励加工转化、强化信贷支持、加强运力协调等政策措施，引导多元主体积极入市；中国储备粮管理总公司、中粮集团有限公司、中国航空工业集团公司坚持始终在市均衡收购；销区粮食部门积极组织企业到产区采购，共同推动玉米收储制度改革顺利开展。总体来看，市场运行总体平稳，改革取得明显成效。

在改革完善中央储备粮管理体制方面，按照中央关于全面深化改革的决策部署和习近平总书记重要指示精神，根据2016年中央1号文件“按照政策性职能和经营性职能分离的原则，改革完善中央储备粮管理体制”的总体要求，对中央储备粮管理体制改革进行了认真研究，多次召开专题会议明确改革思路，研究改革方案，提出改革意见建议。

在深化国有粮食企业改革方面，积极指导国有粮食企业适应粮食供给侧结构性改革的新形势新要求，采取分类施策、积极稳妥发展国有粮食企业混合所有制、搞活粮食企业经营、进一步争取地方政府支持等措施，增强国有粮食企业活力，提高国有资本效率，完善产权清晰、权责明确、政企分开、管理科学的现代企业制度，加强和改进党对国有粮食企业的领导，国有粮食企业改革发展取得了明显成效。国有粮食企业积极承担政策性粮食收储任务，促进种粮农民增产增收，继续发挥了服务国家粮食宏观调控的重要载体作用。2016 年全国国有及国有控股粮食企业统算盈利约 110 亿元。

在建立粮食安全责任考核评价制度方面，明确了粮食安全省长责任制考核方案和 2016 年度考核指标及评分细则，建立了考核组织领导构架和工作机制。同时，建立了与各地区粮食安全省长责任制考核工作联络和信息报送机制，跟踪了解各地考核工作进展情况。通过建立健全相关制度措施，形成了落实粮食安全省长责任制的合力，为切实发挥好考核作为“指挥棒”的督导引领作用，推动地方政府维护粮食安全主体责任的落实奠定了坚实的基础。

在建立安全储粮和安全生产问责制度方面，一是成立国家粮食局安全储粮和安全生产工作领导小组及技术指导专家组，加强工作领导与技术指导。二是出台《粮油安全储存责任暂行规定》，编制印发《粮油安全储存守则》《粮库安全生产守则》（简称“一规定两守则”），形成粮食行业安全储粮和安全生产的基本准则与行为规范。组织开展粮油安全大检查，将“一规定两守则”落实情况作为重点督查内容。

在粮食产业经济统计制度方面，粮食流通统计制度改革稳步推进，《国家粮油统计信息系统》于 2016 年初在全国正式运行，系统运行良好，功能不断完善。4 月初印发提高粮食统计基础数据质量的文件，进一步夯实统计基础。8 月底完成粮食产业经济统计制度的制定工作，将其纳入新修订的《国家粮食流通统计制度（2017 ~ 2018 年度）》，报国家统计局审批后已正式印发。

专栏 粮食安全省长责任制考核

2016年是粮食安全省长责任制考核启动第一年，粮食安全省长责任制考核工作组各成员单位统筹研究，稳步有序推进。印发了《粮食安全省长责任制考核工作方案》和《关于开展2016年度粮食安全省长责任制考核工作的通知》，全面解读考核指标及评分标准，建立考核工作机构，完善了联席会议机制、联络员工作机制、与省级人民政府联络沟通机制、抽查考核机制、考核结果运用机制等5个机制，全面启动考核工作。各省（区、市）政府都出台了粮食安全责任制考核办法，成立考核工作领导小组，加强组织领导和督导检查。各地以考核工作为契机，查缺补漏，补齐短板，有力推动了粮食安全省长责任制的落实。

二 粮食收储制度改革

按照中央1号文件关于“改革完善粮食等重要农产品价格形成机制和收储制度”要求，国家有关部门继续执行并完善稻谷、小麦最低收购价政策，深入推进东北地区大豆目标价格改革试点，按照“市场定价、价补分离”的原则，积极稳妥推进玉米收储制度改革，玉米收储实行“市场化收购”加“补贴”的新机制。

把玉米临储政策改为市场化收购加补贴的新机制，是农业供给侧结构性改革的重大突破。国家发展改革委牵头建立玉米收储制度改革和收购工作部际协调机制，20个部门单位参加。各部门单位加强协调配合，积极完善相关配套措施，东北三省和内蒙古自治区主动担当、积极作为，狠抓各项措施落实，中储粮、中粮、中航等央企始终在市、均衡收购，发挥了引导和稳定市场的作用。总体看，改革平稳有序，进展顺利。一是理顺了价格形成机制。玉米价格由市场形成回归到合理水平，地区间、品种间、品质间的合理价差逐步形成，实现了农产品价格形成机制的重大转变。二是形成了正常的市场流通秩序。过去政策性收储后储存难、销售难、流通不畅，改革后北粮南运顺畅起来，国外玉米及大麦、高粱等替代品进口明显减少。三是激活了市场。深加工、饲料和贸易企业积极入市收购，收购比重占80%左右，彻底改变了以往由国家临储收购主导收购市场的局面。产业上下游链条逐步理顺，加工企业效益明显改善，开工率大幅回升，产业活力充分激发。同时，农民市场意识明显增强，调整优化种植结构的主动性显著提高。

三 粮食流通统计制度改革

2016年，各级粮食行政管理部门认真履行部门统计职责，继续深入推进粮食流通统计制度改革，完善统计制度，创新统计方法，统计工作效率和水平显著提升。

（一）建立粮食产业经济统计制度

建立粮食产业经济统计制度是2016年深化统计制度改革的首要任务，国家粮食局深入开展调研，广泛征求意见，科学设置统计指标体系，建立了粮食产业经济统计制度，为推动粮食产业经济健康发展提供决策支撑。粮食流通统计制度的修订亦同步完成，调整充实了部分统计指标，修改完善了指标解释和填报说明。制度印发后，国家粮食局和各地开展制度的学习宣传，加强制度解读，并组织开展了专项培训，参训人员在1万人次以上，有效保证了统计制度的顺利实施。

（二）“国家粮油统计信息系统”上线运行

覆盖各级粮食部门和企业的“国家粮油统计信息系统”上线平稳运行，统计方式实现了由过去层层汇总、逐级上报，到企业网上直报、统计报表自动超级汇总的变革，大大减轻了基层统计人员负担，提高了工作效率和数据质量。到2016年末，直报系统入统对象近6万家，城乡居民固定调查点15万余户，国家粮油市场监测直报点1072个，已收集各类信息上亿条，统计数据的代表性、权威性进一步增强。山东、上海和青海等省（市）已完成本省（市）信息系统与国家粮油统计信息系统的数据共享。

（三）着力提高统计数据质量

4月，国家粮食局下发通知，要求各地指导粮食企业建立粮食经营台账，扩大粮食企业统计报表网络直报覆盖面，加强对粮食企业负责人和统计人员的业务培训，规范粮食企业统计数据报送工作，做好对粮食企业的统计咨询和信息服务。为进一步落实粮食行政管理部门粮食流通统计工作职责，督促各类粮食企业严格履行报送粮食流通统计报表义务，依法严肃查处粮食统计违法违规行为，确保粮食流通统计工作顺利开展，各项统计数字真实可靠，根据《粮食流通管理条例》的有关规定，国家粮食局在全国组织开展了《国家粮食流通统计制度》执行情况专项检查，对8个重点省份统计工作开展情况进行了抽查。

（四）统计服务水平迈上新台阶

各级粮食部门强化统计分析，积极为政府和相关部门决策提供重要数据支持，主动发布相关数据，正确引导市场预期。加强产业经济统计分析，新设粮食加工转化统计月报；为配合做好粮食去库存和仓储安全管理工作，新设简易存储设施储存国家政策性粮食情况统计，及时准确掌握有关情况。特别是在推进玉米收储制度改革中，克服困难，建立了收购进度和价格监测日报，及时向政府和相关部门报送信息，为企业和农民提供信息服务，对改革的顺利推进发挥了积极作用，受到各方面充分肯定。

四 国有粮食企业改革

2016年，各地粮食部门按照全国粮食流通工作会议部署，积极指导国有粮食企业适应粮食供给侧结构性改革的新形势新要求，完善产权清晰、权责明确、政企分开、管理科学的现代企业制度，加强和改进党对国有企业的领导，增强国有企业活力，提高国有资本效率，国有粮食企业改革发展取得了扎实成效。国有粮食企业积极承担政策性粮食收储任务，促进种粮农民增产增收，继续发挥了服务国家粮食宏观调控的重要载体作用。2016 年全国国有及国有控股粮食企业统算盈利约 110 亿元。

（一）积极推进国有粮食企业改革

一是坚持分类施策。继续推进“一县一企、一企多点”改革，以县级骨干粮库为主体，促进资产、资源向优势粮食企业集中，鼓励实行跨区域兼并重组，组建公司制、股份制粮食企业，培育了一批辐射范围大、带动能力强的国有骨干粮食企业。同时，规范粮食储备企业管理，确保粮食储得进、管得好、调得动、用得上并节约成本费用。促进做强做优做大粮食产业化龙头企业，完善公司法人治理结构，引导粮食产业转型升级、提质增效，增强活力和竞争力。

二是积极稳妥发展国有粮食企业混合所有制。坚持因地施策、因业施策、因企施策，宜独则独、宜控则控、宜参则参，引导符合条件的国有粮食企业引入各种所有制资本参与企业改制重组，逐步实现股权结构多元化，放大国有资本功能。积极探索国有粮食企业利用仓储和运输设施设备等资源，与产业链上下游的非国有粮食企业合资合作，促进资源有效利用、资产保值增值。

三是搞活粮食经营。鼓励有条件的国有粮食企业向收购、仓储、物流、加工、销售等一体化发展，扩大市场影响力。实施粮食品牌战略，鼓励支持粮食企业申请地理保护标志和农产品地理登记，创建粮油类名牌产品和著名商标，引导群众科学消费。鼓励粮食企业与新型粮食生产经营主体合作，提供产前、产中、产后服务，提高粮食生产经营的组织化、产业化和社会化程度。鼓励粮食生产加工企业与电商平台合作，促进优质粮油产品进城下乡，推动线上线下融合发展。

四是进一步争取地方政府对国有粮食企业改革的支持。结合企业改革和“退城进郊”，盘活土地、仓房等资产资源，以争取地方政府免征、先征后返等方式，将粮食企业现有的国有划拨土地转变为出让用地。同时，各地特别是主产区粮食部门抓住时机，多方努力，形成合力，解决国有粮食企业改革改制中的困难和问题，为进一步深化改革创造条件。

五是强化对国有粮食企业改革的调查研究。对已出台的国企改革文件精神进行梳理，加强改革情况调研，厘清改革重点难点问题，总结基层经验。研究起草了深化国有粮食企业改革的指导意见，并多次征求基层意见建议，进行修改完善。

（二）进一步推进改革的具体措施

抓紧制定出台深化国有粮食企业改革的指导意见，认真贯彻落实国务院对完善粮食收储制度的意见，增强国有粮食企业市场化经营能力，力争 2 年左右时间，基本建立国有粮食企业现代企业制度，培育发展一批辐射范围大、抗风险能力强的国有骨干粮食企业，增强活力，促进提质增效。同时，建立健全国有粮食企业改革联系点制度，总结经验，发挥示范引领作用。

一是继续推进“一县一企、一企多点”地方国有粮食企业改革模式。重点推进县级国有粮食企业兼并重组，每个县（区、市）原则上保留 1 家地方国有或国有控股粮食购销企业，以优势骨干粮库为主体，基层购销网络为基础，逐步实现“一县一企、一企多点”模式。

二是鼓励国有粮食企业引入社会资本参与企

业改制重组。推动管理模式、商业模式创新，形成合理的治理结构和市场化经营机制。明确企业重组后各类出资人在资本收益、企业重大决策、选择管理者等方面的权利义务。开展国有粮食企业混合所有制试点，探索实行混合所有制粮食企业员工持股，放大国有资本功能。

三是建立健全适应市场竞争的国有粮食企业现代企业制度。加快推进以产权制度改革为核心的改制步伐，健全公司法人治理结构，选择优势国有粮食企业，开展公司董事会建设试点，建立健全现代企业制度。

四是加快转换企业经营机制。基层粮库立足服务粮食生产和收储，与合作社、种粮大户等新型粮食生产主体合作，向粮食产后服务中心转型。粮食储备企业立足政策性主业，剥离商业性经营，切实承担其经营管理储备粮的主体责任。粮食加工企业立足产业化，向粮食生产和消费两端延伸，与新型粮食生产经营主体结成利益共同体，向产业集群基地转型。

第八部分

粮食科技与人才发展

一 粮油标准化

党中央、国务院对标准化工作高度重视。习近平总书记指出，谁制定标准，谁就拥有话语权；谁掌握标准，谁就占据制高点。李克强总理要求，强化标准引领，提升产品和服务质量，促进中国经济迈向中高端。中央经济工作会议把标准化工作摆在重要位置，明确提出要开展质量提升行动，提高质量标准。

一年来，粮油标准化工作紧紧围绕国家标准化改革，以信息化、仓储技术规范和重金属快检方法等重点标准为抓手，带动粮油标准全面升级。以政策性粮食收购质价政策为着力点，提升全行业执行标准的自觉性和强制力。

（一）急行业所需，全力做好重点标准制修订工作

随着粮食收储制度改革、粮食仓储和粮库智能化改造、质量安全监管等工作的推进，粮油标准始终紧贴行业需求，充分调动行业力量，坚决打赢重点标准攻坚战。

1. 圆满完成重点标准制修订

围绕原粮质量规格、重金属快检方法、玉米容重测定、仓储设施建设、信息化建设、露天储粮安全、进口大米等行业重点和热点工作，调整标准立项重点，并组织专门力量全力推进，优先开展重点标准立项和制订修订。完成了玉米、粮食仓库建设标准、20项信息化标准、露天仓囤储粮技术规范、稻谷中镉含量快速测定X射线荧光光谱法、水浸悬浮容重测定、大米粒型分类判定等一系列重要标准，支撑了行业重点工作的推进，填补了标准体系的空白和不足。

2. 注重标准基础研究，促进研究成果转化落地

组织力量进一步熟化稻谷中镉的快速检测、稻谷新陈度测定、自动分样器、大米加工精度和不完善粒图像分析测定、横向通风、多参数粮情检测等科研成果，使科研成果尽快转化为粮油标准。已初步形成科研成果转化落地工作机制。与中储粮总公司联合开展小麦发芽品质变化规律研究，系统掌握小麦发芽品质变化，为标准修订提供支撑。通过与科研成果对接，极大提高了粮油标准技术升级，满足了行业发展需要。经过不懈努力，重金属快检、图像分析检验等一批技术标准处于国际领先水平。

3. 抓好标准制订修订计划落实，进一步完善标准体系

申报国家标准立项34项，下达行业标准制订修订计划57项。组织审定国家和行业标准107项，发布新标准52项。截至2016年底，粮食行业负责管理的国家和行业标准共有560项，内容涵盖粮食流通每个环节。

4. 地方粮油标准体系建设逐步展开

近年来，不少省份高度重视粮油标准对

地方经济的促进作用，吉林、黑龙江、湖北、云南等省开展地方粮油标准体系建设，粮油标准在打造吉林大米、黑龙江绿色生态产区、优质湖北品牌、云南特色粮油等优质绿色粮油品牌中发挥了重要作用。

（二）标准化改革初见成效

按照国务院印发的《深化标准化工作改革方案》要求和精神，以改革促完善、促发展。

1. 整合精简强制性标准

经组织专家评议，报经国务院标准化联席会议确定，16 项强制性标准转化为推荐性标准，保留 5 项强制性国家标准，3 项行业强制性标准转化为国家强制性标准。强标清理后，除食品安全强制性国家标准外，由国家粮食局管理的强制性标准共有 8 项，主要包括小麦、稻谷、玉米、大豆 4 个主要粮食品种质量规格标准，以及粮食仓库、植物油库安全操作规范，粮库机电设备安装技术规范和储粮化学药剂管理使用规范等标准。小麦粉、食用植物油等标准不再作为强制性标准，调整为推荐性国标或行标。

2. 认真做好推荐性标准复审

进一步优化了粮油标准体系，共复审推荐性粮油标准 911 项，其中国家标准及计划制修订标准 520 项，行业标准及计划制修订标准 391 项。

3. 加强队伍建设，优化工作机制

国家标准委 2016 年正式批复成立了原粮与制品、油料与油脂、仓储与流通、机械与设备 4 个粮标委分技术委员会，聚集了一批各专业专家和单位，专业领域更加合理，进一步加强了标准化队伍和力量。随着标准审定、审查等管理工作的下沉，管理体系和工作机制将进一步理顺，标准制修订效率也将大幅提高。

（三）创新标准宣贯手段，强化标准宣贯力度

1. 加强粮食收购标准执行力度

在粮食收购中，各级粮食部门按照“五要五不准”要求，做好人员培训，以及收购现场标准上墙、政策上榜、样品上台、仪器设备上桌等各项工作；配合相关单位对执行标准情况进行监督检查，及时发现问题纠正错误，规范执行粮食收购质价政策得到地方政府和农民的好评。

2. 开展重点标准宣贯

在粮食仓库建设标准、露天仓囤储粮技术规程和 5 项信息化标准发布后，第一时间向各省级粮食行政管理部门和科研院所讲解标准条款、背景材料，答疑解惑，为各地做好危仓老库改造、新建仓房、物流园区建设、信息化建设等重点工程，指导露天仓囤等简易储粮设施科学储粮等行业主要工作，提供了技术标准支撑。

3. 创新标准宣贯方式方法

组织湖北等 5 个技术力量强的省级质检机构开展了小麦、稻谷、玉米、大豆和油菜籽 5 个主要粮油标准宣贯视频片的制作工作。粮食标准视频分为质量规格篇和检验方法篇，质量规格篇供社会浏览，检验方法篇供粮油质检机构内部参考学习。标准宣贯视频将上传政府网站，进一步扩大标准宣贯范围和力度，同时方便各地宣贯培训。

4. 发布标准实施细则，广泛宣传标准知识

针对国家政策性粮食收购中标准执行不统一问题，及时发布玉米生霉粒和小麦发芽粒检验细则，提高检验科学一致性，促进了国家政策性粮食收购质价政策的正确执行。做好挂面、油脂等社会关注标准的咨询解释工作，消除误解，普及标准知识，提高全社会标准意识。

5. 做好行业技能人才培养

圆满完成“第四届全国粮食行业职业技能竞赛”粮油质检组各项赛事，为行业选拔优秀人才，提高粮油质检人员学知识、长技能的主动性、积极性。

（四）组织开展粮食质量测报，服务于粮食宏观调控决策

1. 组织开展新粮质量会检

采集检验新收获小麦、稻谷、玉米、大豆和油菜籽样品8240份，样品覆盖20个省（区、市）240个市的850个县，在粮食收获后第一时间掌握新收获粮食的质量状况。针对新收获的玉米和小麦出现的质量异常，及时增加真菌毒素等质量安全检测项目，以最快速度掌握情况，形成质量报告，为宏观调控决策提供依据。

2. 组织开展质量专报

内蒙古、辽宁、吉林和黑龙江等地各级质检机构积极行动，深入一线农户，广泛宣传农户科学储粮知识，进行抽样检测，以“十日报”形式及时报告玉米生霉粒变化情况，为减少农民储粮损失，保持玉米质量发挥了重要作用。

3. 积极应用新技术，提高质量测报科学性

针对质量测报扦样代表性和检验速度慢等问题，安徽省积极引入扦样地理信息管理系统，提高扦样地理信息准确性和科学性，实现信息追溯和监控，为质量测报打下良好基础。东北、华北、黄淮和西北等主要产粮省份质检机构应用真菌毒素快速定量方法，第一时间准确掌握小麦、玉米真菌毒素污染情况，保证了政策性粮食收购的顺利进行。

（五）积极推进，粮油标准国际合作取得新突破

1. 成功举办APEC粮食标准互联互通研讨会

2016年，国家粮食局以推动落实APEC 2014年有关粮食安全倡议为契机，积极参与区域粮食标准和贸易规则制定。推动实施“增强APEC粮食标准互联互通”项目，这是我局第一个APEC基金资助项目。通过APEC粮食安全政策伙伴关系机制(PPFS)多边合作平台，项目收集了10个经济体的粮食质量标准，完成了各经济体粮食质量标准适用范围、质量要求和检测方法等方面的对比研究报告。8月，“APEC粮食标准互联互通研讨会”在北京成功召开，来自13个APEC经济体的80多名代表参会。会议介绍了各经济体粮食标准体系，分享了实践经验，交流了国际组织粮食标准化工作，讨论了APEC粮食标准互联互通项目的研究报告，就实现区域粮食标准互联互通和协调统一提出了重要建议。9月，项目有关建议获APEC/PPFS 2016大会和APEC第四届粮食安全部长级会议认可，并作为成果写入《亚太经合组织粮食安全皮乌拉

宣言》，有力提升了中国在 APEC 粮食标准领域的影响力。

2. 稳步推进粮油国际标准制修订工作

2016 年，国际标准化组织谷物与豆类分委员会（ISO/TC34/SC4）秘书处发布工作文件 41 项，发布国际标准 2 项，立项国际标准新项目 3 项，在研国际标准项目 8 项，复审标准 5 项。由我国主导制定的《玉米 规格》和《谷物及制品中赭曲霉毒素 A 的测定》两项国际标准目前已顺利通过委员会阶段投票，即将进入国际标准草案阶段。5 月，分委员会第 38 次年会在德国杜伊斯堡顺利召开，来自加拿大、中国、法国、德国、西班牙、瑞典、英国等 7 个国家的 21 位代表参加了会议，形成 29 项决议。会上，秘书处组织我国代表介绍了中国自主创新技术——水浸悬浮法测定玉米水分和非转基因谷物中转基因成分检测的动态扦样方案技术报告，引起各国代表的广泛关注和充分肯定，为下一步标准立项奠定基础。发展国际谷物与饲料贸易协会成为 SC4 联络组织，这将对完善谷物与豆类国际标准体系，促进 ISO 标准在粮食国际贸易中的实施应用具有重要推动作用。

作为谷物与豆类分委员会和动植物油脂分委员会的国内技术对口单位，积极组织国内专家跟踪研究各阶段标准文件，完成国际标准草案投票 33 项，提名 2 人次专家参与《稻米 规格》等国际标准制定工作，推荐 1 名专家参与食品技术委员会“黄曲霉毒素工作组”工作。

3. 继续扩大对外交流

2016 年 11 月，组织粮食质量检验技术专家赴阿根廷进行了为期 14 天的大豆、玉米标准与检验技术培训，开展对阿根廷粮食生产和流通情况、质量安全保障体系及粮食质量管理与检测技术等内容的学习，为推动质量安全信息化建设和加快粮食收购环节快速检测技术研发等方面提供了有益借鉴。

二　粮食信息化

（一）“十二五”期间信息化建设成果

“十二五”期间，粮食行业积极探索推进信息化建设，信息技术融合应用取得进展，行业信息化水平得到较大提升。

一是信息技术对行业管理支撑能力有效加强。国家粮食局相继开发应用了国家粮油统计、财务会计信息报送、重点联系粮食批发市场信息报送等信息系统。储备粮管理信息系统在行业内逐步使用，部分省（区、市）开展了省级粮食管理平台建设，有效提升了行业管理效率。

二是粮食市场监测预警信息化水平明显提升。初步建立了国家、省、市、县四级市场信息监测体系，粮食市场信息采集手段日趋完善，重点地区、重要品种和关键时段的市场监测信息不断丰富，国际粮食市场信息监测取得长足进步。

三是粮食仓储信息化建设稳步推进。各省（区、市）和有关中央企业仓储信息化建设步伐明显加快，粮库智能化升级改造正在分层次、分梯次有序推进。

四是粮食交易信息化水平明显提升。全国粮食统一竞价交易平台与25个省级粮食交易中心联网运行，全国粮食统一竞价交易体系初步形成。粮食交易逐步向电子商务模式转变，信息技术在市场体系建设中发挥重要作用。

五是行业信息化发展环境不断改善。信息化基础设施不断完善，信息化在部门高效履职和企业转型升级中的作用日益凸显，行业对信息化建设的共识度进一步提升，行业信息化进入快速发展阶段的条件已经成熟。

虽然在“十二五”期间，粮食信息化建设取得一定成绩，但还存在急需解决的问题。一是信息化发展不均衡，影响了行业信息化建设整体进程；二是信息化建设不规范，与业务结合不紧密，可复制性不强；三是要素资源数字化水平有待提高，信息采集时效性、准确性差；四是信息资源开发利用水平有待加强，国内外市场预警预测分析能力较弱。五是粮食行业信息化专门人才相对缺乏，制约了信息化建设的组织实施。

（二）“十三五”粮食信息化建设需求

“十三五”时期是全面破解粮食供求阶段性结构性矛盾的关键期，是全面推进粮食流通能力现代化的攻坚期，是全面释放粮食产业经济活力的转型期，是全面促进国内与国际粮食市场深度融合的机遇期。新形势下，加快粮食行业信息化建设显得更加迫切。

一是粮食流通能力现代化的需要。为进一步破解粮食流通各环节衔接不紧密、不协调等问题，有效监测和控制粮食市场异常波动，需要建设涵盖粮食收购、储藏、加工、物流、消费等各个环节，互联互通、协同共享的信息化体系，提升粮食流通效率和应急保障能力。

二是粮食宏观调控精准化的需要。为进一步提升对国内外粮食市场的把控牵引能力，需要加强对涉粮信息的采集、分析和处理，及时发出市场供求失衡信号，科学应对粮食供需变化，在确保国家粮食安全的同时，搞活市场流通，降低调控成本。

三是粮食流通监管常态化的需要。为进一步增强粮食收储供应安全保障能力，确保粮食数量真实、质量可靠，需要强化大数据技术在市场监测、库存监管、质量安全监测、企业信用管理等核心业务中的应用能力，为行业全面推行“双随机”监管提供支撑。

四是粮食产业发展高效化的需要。为进一步激发粮食产业经济活力，需要推动互联网与行业的融合创新发展，构建“互联网+粮食”行业发展新引擎，催生企业生产经营新模式、新业态，形成企业转型升级倒逼机制，增强粮食企业的核心竞争力。

五是粮食行业服务优质化的需要。为进一步提高行业信息服务能力，需要利用互联网思维，汇聚整合、开发利用大数据资源，形成多样化的行业服务模式、内容和手段，为生产者、消费者、经营者和政府提供综合、高效、真实、便捷的信息服务。

（三）当前粮食信息化建设任务

1. 建设广覆盖的粮食质量检验检测网

为解决市场化收购条件下的质量安全问题，按照“机构成网络、监测全覆盖、监管无盲区”的要求，将质量检测功能向市县延伸。在人口大县（市）、产粮大县建立粮食质量检验检测机构，完善检验检测功能，开展第三方检验检测，夯实检测机构信息化和网络化基础，实现检测信息的交换和共享，适时发布粮食质量安全信息。

2. 建设智能化、信息化粮库

粮库是实现粮食行业信息化的基础。2015年起，启动“粮安工程”粮库智能化升级改造项目，以地方储备粮库为重点大力推进粮库智能化升级改造。实现粮库的智能化和信息化作业管理，有效提升粮食储藏管理水平和能力，确保储粮安全；建立省级数据中心和粮食管理平台，实现与粮库、国家级平台等信息的互联互通，加强粮食监管，提升粮食宏观调控能力。

3. 打通粮食物流节点

按照“十三五”全国粮食物流规划，在重要物流节点建设一批集仓储、加工、贸易、质检、信息服务等功能于一体的国家级粮食物流园区，发挥好中转枢纽和调控载体作用，打造物流信息综合平台。

4. 构建全国粮食电子交易平台

收储制度改革，必然带来粮食大规模的市场化交易。把“全国粮食统一竞价交易系统”由政策性粮食拍卖平台，扩展为全国性粮食电子交易平台，是市场化改革的必然要求，也是粮食行业落实“互联网+”行动计划的具体举措。实现31个省级交易中心全覆盖及平台联网，并积极向市县延伸，让基层粮食企业、种粮大户、专业合作社进入交易网络；探索形成适合粮食流通特点的交易模式，特别是标的标准化、合约规范化，解决好交易诚信履约、支付结算、交割方式等方面存在的难题；引导产区、种粮农民、新型经营主体网上卖粮，引导销区、用粮企业网上买粮。引入质量检测、物流配送等第三方服务，探索为种粮农民、粮食企业定制金融产品服务，增强吸引力。总之，要经过1～2年的努力，打造全国最大、国际有影响的粮食电子交易平台，为构建新型粮食购销体系发挥主导作用。

5. 构建国家粮食管理平台

国家平台的总体建设目标可以概括为：1个平台，2个核心，3个驱动，4个能力。

1个平台：国家平台是粮食行业信息化的核心和枢纽。通过建设全国粮食行业统一、集约、共享的国家管理应用平台，将现代信息技术与粮食行业深度融合，促进“互联网+粮食”行动计划落地。

2个核心：即业务和数据双核心。一是业务平台，建成集中、统一的业务管理信息平台，整合现有业务系统，形成一个有机的业务系统整体，实现粮食行业业务协同、管理高效；二是数据中心，通过整合粮食信息资源，达到全行业数据的互联互通，进行数据挖掘和资源共享，为粮食行业管理与宏观调控提供数据支撑，实现智慧决策。

3个驱动：一是注重实用，需求驱动的集成化管理平台，统筹考虑各类资源的综合利用，以业务流程为本，注重实用，打破部门藩篱，辅以流程优化，打造有机统一、兼容性强、可扩展的集成化管理平台。二是注重管用，技术驱动的专业化信息平台，依托云计算和大数据等先进的信息技术，充分利用发改委云平台、国家电子政务内外网等资源，注重管用，建成技术先进、运行稳定的专业信息平台。三是注重好用，数据驱动的智能化决策平台，通过信息整合与分析挖掘，注重好用，充分发挥数据在行业管理现代化发展中的重要作用，以数据驱动促进智能化发展，打造全行业智能化决策平台。

4个能力：一是提升宏观调控能力，通过行业数据集中和大数据技术，提升国家粮食宏观调控的精准性。二是提升行业管理能力，通过对行业管理业务的优化整合，进一步提升业务管理效率，加强协同能力。三是提升公众服务能力，建立统一行业信息化服务平台，提升行业服务的深度与质量。四是提升数据支撑能力，对数据集中、统一、标准化管理，开展粮食行业各类数据的采集、交换、分析和挖掘，提升数据的管理能力，发掘和利用数据的价值。

通过国家级和省级粮食平台的建设，实现国家级数据中心和省级数据中心的信息交换与共享，依此构成国家粮食大数据中心。利用大数据、云计算等互联网新技术开发各级应用平台，以互联网+粮食技术，改造传统的粮食行业，实现粮食管理现代化，提升各级粮食管理能力和水平，确保国家粮食安全。

三 粮食科研发展

（一）粮食科技发展与创新

2016年，粮食科技工作紧密围绕党中央的战略部署，积极落实国务院的各项改革要求，科学谋划创新发展思路，深化粮食科技创新体制改革，探索聚集科技创新资源方式，优化创新结构，激发创新活力，以问题为导向聚焦行业关键技术难点，汇集科技创新资源，攻坚克难，突破技术瓶颈，推动粮食科技创新成果服务粮食产业需要，不断推进行业科技创新发展。

1. 印发《粮食行业科技创新“十三五”发展规划》

规划整体思路：按照国家粮食安全战略要求，结合粮食行业科技需求，粮食科技创新规划以聚焦粮食科技创新战略性、重大关键任务为核心，统筹相关领域技术研发方向，通过搭建粮食科技创新平台，促进粮食科技成果应用转化，落实科技创新扶持政策等方式聚集创新资源，构建粮食科技创新体系，多渠道、多角度、多元化解决粮食行业供给侧和需求侧问题，解决行业发展关键技术问题，加快推动粮食产业发展动力从要素和投资驱动向创新驱动战略转换，以改革破除制约科技服务粮食产业发展的瓶颈，激发各类科技创新主体的积极性，创新工作渠道，推进粮食科技创新，促进粮食产业升级。

规划目标：按照需求导向、深化改革、人才驱动、开放发展的原则，力争在“十三五”末，解决一批制约粮食行业科技发展的突出共性关键技术问题，进一步加快完善粮食科技创新平台体系，使粮食科技自主创新能力显著提高，粮食科技创新环境不断优化，粮食科技创新体制机制更有活力，支撑引领粮食产业经济发展方式转变的作用更加突出。

重点创新任务：规划聚焦粮食质量安全、绿色生态储粮、粮食现代物流、深加工转化、粮油加工装备、口粮营养健康、粮食信息化技术和粮食安全战略等八个领域，针对粮食行业发展的重大科技需求，以重点任务为核心，发展众创、众包、众扶、众筹，汇众智聚众力，针对粮食创新需求技术群，不断突破制约行业发展的技术瓶颈。

2. 以改革的思路构建粮食科技创新体系

一是突出成果转化，围绕重大需求强化科技成果转移转化，实施粮食行业“科技特派员”行动，落实知识产权、成果转化收益分配制度，加强粮食科普平台建设和宣传。二是推动创新平台建设，即加快工程实验室（重点实验室）、局工程中心、创新联盟、企业中心等科技成果工程化平台、科研基地建设，鼓励多种形式的交流与合作。三是推进粮食科技体制改革，通过创新任务凝练机制、评估机制，健全服务机制，充分发挥政府、科研院所、高等学校、学术社团、企业的创新作用，加强高层次领军科技人才的培养，通过激励机制激发科研人员创新活力，营造良好的学术氛围。

3. 以科技体制改革为突破口激发创新活力

一是积极贯彻落实国家科技体制改革政策。2016年党中央国务院在创新发展战略、科研资金管理、成果转移转化、科研人员收入等方面出台了一系列政策文件，不断促进科技创新发展。《国家创新驱动发展战略纲要》提出了创新驱动三步走战略；中共中央办公厅、国务院办公厅印发《关于进一步完善中央财政科研项目资金管理等政策的若干意见》（中办发〔2016〕50号）和《国务院关于改进加强中央财政科研项目和资金管理的若干意见》（国发〔2014〕11号）规范了财政经费管理；《国务院关于印发实施〈中华人民共和国促进科技成果转化法〉若干规定的通知》（国发〔2016〕16号）和《国务院办公厅关于印发促进科技成果转移转化行动方案的通知》（国办发〔2016〕28号）等促进科技成果转化，推动技术服务产业升级。粮食行业积极落实国家科技政策措施，制订科技创新规划，细化落实促进成果转化的指导意见，发挥国家科技政策促进粮食行业科技发展的显著作用。

二是积极配合中央财政科技计划（专项、基金等）管理改革。作为国家科技计划管理部际联席会成员单位，国家粮食局积极参与中央财政科技计划管理改革工作，参与部际联席会决策研讨，谋划国家科技计划改革发展思路，推进国家科技创新平台、科技管理机制改革。

三是规范粮食科研项目管理。依据2016年印发的《粮食科技在研项目督导评估管理办法》，国家粮食局组织督导评估专家，对2014年、2015年粮食公益性行业科研专项13个项目和国家科技支撑计划项目“玉米及其加工副产物中玉米赤霉烯酮和脱氧雪腐镰刀烯醇消减技术研究与示范”3个课题进行中期督导检查。通过20余次现场会议，督导专家分别现场听取了项目（课题）组的汇报，对进一步优化研究任务，聚焦行业需求提出了意见和建议。项目研究工作进展总体顺利，储藏害虫调查、污染粮安全合理利用、粮油加工设备、粮库管理信息技术等成果已建立示范点，运行效果良好。项目单位对督导评估专家给予的指导表示欢迎。印发《推荐国家科技奖励粮食行业候选项目试行办法》，进一步规范了粮食行业国家科技奖励候选项目的遴选，确保能够在行业中优选技术先进、成效明显、带动作用突出的优秀项目参评国家科技奖励。推荐了河南工业大学牵头的“食用植物油风险因子控制关键技术与应用”项目参评国家科技奖。

4. 聚焦行业关键问题创新科技攻关组织模式

在科技体制改革的大背景下，为进一步有效聚焦科技创新资源，发挥各类主体的创新积极性，在无财政资金引导的条件下，通过发布研究任务需求的方式，聚众智、汇众力，吸引各类科技创新力量，集中解决制约粮食行业发展的关键技术问题。经反复论证筛选，2016年公开发布了真菌毒素污染粮食快速检测预警及安全利用、重金属污染稻米安全加工利用、延长粮油储存期的保质综合技术、粮油营养健康研究、玉米为原料的可降解生物基材料低成本开发、简易仓囤安全储粮、仓顶阳光工程相关技术、粮油加工副产物高效利用与模式创新、全谷物加工共性关键技术与重大产品创制、精准营养饲料技术研发与产业化等10项粮食行业急需关键重大科研项目需求。经公开遴选，确定研究任务承担单位，通过签订任务书委托创新团队开展技术攻关，相关项目已经启动实施。

5. 推荐优秀团队承担国家重点研发计划项目

2016年正式启动“十三五”国家重点研发计划专项“现代食品加工及粮食收储运技术示范”项目。该专项包括了粮食储藏保质、防结露、绿色虫霉防治技术等安全储藏绿色技术、高效干燥技术、高效清理装卸技术、机械进出仓和储藏新技术应用示范，以及大宗油料、大米适度加工技术、杂粮高效加工、特需食品加工等粮油领域重要研究任务。按照中央财政科技计划管理改革要求，国家粮食局组织开展了2016年、2017年专项项目的推荐工作。

国家粮食局科学研究院牵头的“粮食收储保质降耗关键技术研究与装备开发”、中国储备粮管理总公司牵头的“现代粮仓绿色储粮科技示范工程”、中粮营养健康研究院牵头的“大宗油料适度加工与综合利用技术及智能装备研发与示范”等3个2016年项目获批立项并启动实施，财政资助1亿多元。推荐的

2017年的5项候选项目，即“大宗米制品适度加工关键技术装备研发与示范”“粮情监测监管云平台关键技术研究与装备开发”“粮食产后‘全程不落地’技术模式示范工程”“传统杂粮加工关键新技术装备研究及示范”和“特殊保障食品制造关键技术研究与新产品创制”。同时，还委派专家参与了国家重点研发计划“食品安全关键技术研究”专项实施方案的编制工作，粮油食品安全检测和污染粮安全合理利用相关的技术需求已纳入该方案。

6. 多措并举促进粮食科技成果转移转化

2016年国家粮食局与中国科协联合成功举办了“2016年粮食科技活动周——首届粮食科技成果转化对接推介活动”。通过科技成果、科技人才、科研机构“三对接”活动，宣传、展示、推介、发布最新粮油科技成果，宣介国家科技成果转化政策，邀请院士讲授最新科技动态，现场实现成果转化对接签约61项，以多种形式推进粮食科技成果转移转化。活动获得中央、地方媒体的广泛关注，受众反应热烈。活动拉近了科技创新与产业需求的距离，促进科技成果为产业升级提供支撑。编写了汇集粮食行业国家科技计划成果的《大农户储粮实用手册》等，解决市场化条件下农民收粮、清理、烘干、卖粮、储粮等一系列难题。根据国务院办公厅《关于深入推行科技特派员制度的若干意见》（国办发〔2016〕32号），启动了粮食科技特派员制度建设工作。印发《国家粮食局关于大力促进粮食科技成果转化的实施意见的通知》（国粮储〔2016〕148号），引导推动粮食行业科技成果转化。

7. 储藏、质量安全、物流、加工和信息化领域取得多项粮食科研成果

储藏技术领域。“基于总重检测的谷物循环干燥水分在线测控方法及其系统”、多种粮食储存仓型等专利成果为安全储藏提供技术支撑，“粮食仓库进仓作业安全操作规程”“粮食安全通风规程”为安全储粮提供了技术依据。通过深入研究粮食储藏过程中生物、温湿度等多种因素和粮食多种特性参数，构建了粮食参数仿真数据库，进一步夯实储藏技术研究基础。

质量安全技术领域。“一种脱氧雪腐镰刀菌烯醇毒素降解酶及其编码基因与应用”已获发明专利，为脱氧雪腐镰刀菌烯醇毒素降解开辟了新的技术路径，在安徽、河南、湖北开展的技术示范效果良好。“重金属污染稻米安全加工利用技术”等产业化技术已在大米加工企业应用，实现5万吨镉大米消减的生产能力。自主研发的粮食收储专用近红外检测仪，开发了稻谷、小麦专用的检测软件和组网关键技术，设备性能与国外产品相当，并实现了小批量的生产和销售。开发了基于分子印迹技术的油脂中塑化剂、氯丙醇、缩水甘油的检测方法，检测准确率较高。

加工技术领域。“4000t/d大豆脱皮膨化系统关键技术与装备国产化”“谷物及淀粉黏度检测技术与仪器的研究开发”等技术成果已在行业应用。谷物制品复合杀菌箱、玉米蛋白粉改良技术等专利技术为谷物加工提出了新技术路径；构建了基于小麦加工流程信息采集与监控系统功能模块工厂内数据采集与传输网络，小麦加工智能工厂物联网应用技

术解决方案已在加工企业应用，显著提升了企业的生产效率。

物流及信息技术领域。害虫和气体一体化检测设备、固定化和移动便携式粮食真菌在线检测仪、粮食数量在线监测系统和粮食行业的安全网关等信息成果在粮库广泛应用。多传感器集成终端，粮食烘干在线水分检测技术，以及基于复杂条件下的二维码识别技术，均已实现示范应用。粮食流通信息数据平台也为示范地级市粮食调控提供了有力的支撑。成品粮应急储备库设计、管理模式、指挥系统、物流配送体系，以及低温储粮进出仓工艺研究，在湖南某成品粮应急低温储备项目全面应用。

（二）战略性课题研究

2016 年 4 月，根据中央关于粮食工作的决策部署和全国粮食流通工作会议精神，国家粮食局确定把“粮食产业经济发展战略研究”和“政府粮食储备管理模式比较研究”2 个题目作为2016年粮食战略性课题研究题目。按照《粮食战略性课题研究管理办法》要求，经过公开招标、专家评审等相关程序，确定由中国粮食研究培训中心、农业部农村经济研究中心分别承担课题研究工作。

课题研究过程中，国家粮食局始终与承担单位保持沟通联系，密切跟踪进展，督促按时完成研究任务。两家单位提交初步研究成果后，立即组织专家评审，专家一致认为，研究成果符合立项要求，所提政策建议针对性、指导性、可操作性都较强，对于推动粮食流通事业持续健康发展具有较高的参考价值。

课题一：粮食产业经济发展战略研究。该课题由中国粮食研究培训中心承担研究工作，研究成果包括总报告和 7 个子报告、2 个调研报告。总报告在全面总结我国粮食产业经济发展现状、深入分析面临机遇和挑战的基础上，明确了加快粮食产业经济发展的指导思想、基本原则和主要目标，提出了七大重点任务，即大力培育新型经营主体，构建有效发展模式促进提质增效，依托粮食产业园区实现“六化”发展，依靠科技创新驱动推动转型升级，实施“互联网＋粮食”战略支持信息化发展，积极利用国际国内两个市场两种资源，依托“粮安工程”加强基础设施建设。同时，从加大财税支持、完善金融保险政策、健全用地制度、加大改革力度、强化公共服务能力等五个方面提出了加快粮食产业经济发展的保障措施。7 个子报告分别就粮食产业经济发展的基本问题、促进粮食产业多元主体发展政策、粮食产业发展模式、科技创新是粮食产业经济发展的内生动力、粮食产业电子商务发展、粮食企业“走出去”、国外粮食产业经济发展政策等重点问题进行了研究。

课题二：政府粮食储备管理模式比较研究。该课题由农业部农村经济研究中心承担研究工作，研究成果包括总论篇、6 个借鉴篇和 3 个专题篇。总论篇总结了我国政府粮食储备管理现状，指出了当前存在的突出问题，总结了部分国家和地区的管理模式，并从进一步厘清政府与市场边界、统筹协调中央和地方政府财权事权、以“有保有效”为原则健全粮食储备管理、建立健全主产区与主销区利益协调机制、建立更为完善的激励机制和监管机制、完善粮食市场调控政策体系等6个方面，提出了完善我国政府粮食储备管理模式的政策建议。借鉴篇梳理了日本、韩国、印度、俄罗斯、瑞士等国家和中国台湾地区的粮食储备管理模式，在对国际经验进行归纳总结的基础上，分析提出了对我国的借鉴和启示。专题篇从历史发展轨迹、微观农户行为、宏观调控体系三个角度进行分析，提出了相应政策建议。

（三）政策性课题研究

2016年，中国粮食研究培训中心紧紧围绕国家粮食局有关推进粮食供给侧结构性改革、发展粮食产业经济等中心工作任务，组织研究人员赴江苏、江西、湖南、山东、安徽、河南、黑龙江等粮食主产区，就粮食优质优价、粮食收储与加工、粮食产业经济发展等热点、难点问题，进行广泛实地调研，完成了《关于实行优质优价加快推进粮食供给侧结构性改革的调研报告》《河南省粮食收储与加工发展面临的主要困难与政策建议》《江西、湖南早籼稻最低收购价政策实施情况及政策建议》和《安徽、黑龙江两省粮食产业经济发展情况调研报告》等具有较高质量的研究报告。其中《关于实行优质优价加快推进粮食供给侧结构性改革的调研报告》为国家粮食局出台《关于加快推进粮食行业供给侧结构性改革的指导意见》（国粮政〔2016〕152号）提供了重要的参考；《河南省粮食收储与加工发展面临的主要困难与政策建议》调研报告提出了一些关于解决“农民卖粮难，加工企业收粮难”问题的重要政策建议，供中央相关部门参考。

（四）科技成果评价及奖励

2016年，中国粮油学会全面制修订了《粮油科技成果评价管理办法》等文件，启动粮油科技成果评价工作，同时停止粮油科技成果鉴定。经项目单位申请，当年已先后组织中国工程院院士、业内资深专家100多人次，对19项成果进行了评价，为粮油科技成果转化交易、获得国家及省部级科技奖励保驾护航。同时接受国家粮食局委托开展全国粮食系统第三方科技评价，协助局仓储司完成了“十二五”国家科技支撑计划、粮食公益专项等行业重要科技项目的检查和验收工作。2016年度中国粮油学会科学技术奖申报项目63项，受理60项，评审出“大型绿色节能稻谷加工装备关键技术与创新”等33项获奖项目，分别比上年增加34%、66.7%、73.7%。

专栏 “科技兴粮”工程

（一）“科技兴粮”的内涵

“科技兴粮”是贯彻落实“以我为主、立足国内、确保产能、适度进口、科技支撑”国家粮食安全战略，以及中共中央、国务院关于创新驱动发展战略的总要求，紧密结合粮食流通实际，认真落实行业职责，以改革精神推动科技发展，科学把握粮食科技创新发展的正确方向，强化促进粮食科技发展的政策措施，着力破解影响科技创新驱动发展的突出难题，把保障和支撑国家粮食安全作为粮食科技工作天大的责任和天高的使命，要解决行业最急需、最重要、最关键的科技难题，坚持问题导向，聚焦行业重大需求，激发人才创新活力，深化改革、强化创新、重点突破、引领发展。

“科技兴粮”工程是一项促进粮食科技与经济深度融合的社会化系统工程，是技术创新、管理创新、市场创新、金融创新等有机结合的经济活动过程。

（二）“科技兴粮”的目标

粮食科技紧扣行业发展，有所为有所不为，使粮食科技创新更加聚焦国家目标、重大任务和行业需求；改革科技创新组织方式，确保粮食科研项目和资金配置更加规范合理高效；健全粮食科技创新激励机制，集聚一批创新人才和团队，科研人员创新活力得到激发；加快推进科研、设计和产业一体化发展，促进粮食科技成果推广应用，科技支撑粮食经济发展方式转变的作用更加突出。

（三）“科技兴粮”的主要任务

一是加快科技成果转化和产业化，促进经济发展方式转变。不仅要“兴”传统的粮食产业，更要“兴”新兴粮食产业，进一步“兴”粮食经济，以及为粮食经济提供支撑、引领和保障服务、管理活动，为粮食经济又好又快发展提供保障。二是推进粮食高新技术产业发展，提升粮食高新技术产业在粮食产业中的比重，针对粮食经济发展中的基础性、公共性问题，加强公益技术转化应用和粮食信息产品开发与应用，促进科学保粮、科学用粮、科学管粮、科学节粮，使粮食科技为增强粮食资源与生态环境可持续利用能力，为提高粮食产业核心竞争力提供强有力的支撑。三是深入推进粮食科技体制改革，提升行业自主创新能力，加快构建开放、科学、高效、实用的粮食科技创新平台体系和成果推广体系，大力推进科技创新、技术示范、智慧粮食等科技兴粮重点工程任务，为确保国家粮食安全、提升粮食流通现代化水平提供强大动力和有力支撑。

四 粮食人才发展

（一）粮食行业机构保持稳定，人才规模显著增加

随着各地行政机构改革的不断深化和粮食流通体制改革的稳步推进，行业机构总数略有减少。截至2016年末，全国粮食行业机构（包括行政机关、事业单位、经营企业，下同）总数52587个，其中：行政机关2297个，事业单位2090个，粮食经营企业48200个（其中，国有及国有控股企业13632个，非国有企业34568个）。

近年来，全国粮食行业实施“人才兴粮”战略，深入推进行业人才发展体制机制改革，吸引大批优秀人才投身粮食行业。2016年末，全国粮食行业从业人员总数192.04万人。其中，在岗职工188.86万人（长期职工169.85万人，临时职工19.01万人），占从业人员总数的98.3%；其他从业人员3.18万人。女职工61.24万人，占总人数32.9%；少数民族6.69万人，占总人数3.5%；中共党员25.41万人，占总人数13.2%。

长期职工中公务员2.66万人，占比1.6%；事业单位管理人员1.83万人，占比1.1%；企业经营管理人员27.28万人，占比16.1%；专业技术人员22万人，占比13%；工人116.08万人，占比68.3%。与上一年度相比，公务员、企事业单位管理人员占比均有小幅下降，专业技术人员、工人占比有所增加。

（二）行业人才队伍结构进一步优化，整体素质有所提升

2016年末，长期职工中35岁及以下人数58.64万人，占比34.5%，较上年减少0.2%；36岁至45岁人数60.11万人，占比35.4%，较上年增加0.2%；46岁至54岁人数41.09万人，占比24.2%，较上年下降0.9%；55岁及以上人数10.01万人，占比5.9%，与上年基本持平，年轻职工比例较上年略有增加。

从学历层次上看，长期职工中研究生1.64万人，占比1%，与上年持平；大学本科18.17万人，占比10.7 %，与上年持平；大学专科31.86万人，占比18.8%，比上年增加0.1%；中专28.78万人，占比16.9%，较上年增加0.9%；高中及以下89.41万人，占比52.6%，较上年下降0.3%。与上年相比，大学本科及以上学历人员占比保持稳中有升，大中专学历人员占比继续增加，高中及以下学历人员有所下降，整体结构趋于稳定。

专业技术人员队伍中，高级职称1.25万人（其中：正高级职称3778人），占比5.7%，比上年下降0.1%；中级职称5.72万人，占比26%，与上年持平；初级及以下职称15.03万人，占比68.3%，比上年增加0.1%，专业技术人才队伍规模进一步扩大。

工人队伍中技术工人39.8万人，占比34.3%，比上年增加了0.6%，技能人才队伍规模持续扩大。其中，高级技师7277人，占比

1.8%；技师2.12万人，占比5.3%；高级工5.03万人，占比12%；中级工8.35万人，占比21%；初级工23.57万人，占比59.2%。

（三）粮食行业培训工作力度进一步加大

各级各类单位高度重视培训工作，加强职工理论学习和专业培训，提升职业素养和技能水平。2016年，全国粮食行业职工培训规模和参训率均有明显提高，全年共举办各类培训班10.99万期次，培训170.53万人次，比上年增加近2万人次；参训率达36.1%，比上年略有下降。稳步推进粮食行业特有工种职业技能培训鉴定工作，全年组织培训鉴定近200批次，16450名职工参加相关培训及鉴定，10444人考取了相应的国家职业资格证书，现持有粮食特有职业资格证书的职工达10万人。

专栏 “人才兴粮”工程

（一）高层次专业技术人才知识更新工程

高层次人才后备队伍建设不断加强，评选产生首批 7 名全国粮食行业青年拔尖人才。高层次专业技术人才知识更新工作有序推进，分别围绕粮油加工新技术与装备、粮油质量安全体系建设专题，举办了两期高层次专业技术人才研修班，共有 139 名粮食行业具有高级职称专业技术人才参加研修。

（二）党政人才能力提升工程

党政人才队伍建设不断加强，国家粮食局围绕深化粮食流通体制改革中心工作，面向省级粮食行政管理部门举办了 18 期培训班，组织 2236 人次参加行业规划、财会统计、仓储管理、安全生产、监督检查、质量安全等业务培训。各级粮食行政管理部门和有关中央企业也根据工作需要，积极组织开展相应的业务培训，提高干部职工履职尽责能力。

（三）高技能人才培养工程

高技能人才培训工作不断加强，全年共举办 5 期技师、高级技师研修班，1514 余名高技能人才参加相应的培训研修。积极探索选拔行业高技能人才的新方式，发挥高技能人才示范带动作用，根据《全国粮食行业技能拔尖人才选拔使用管理实施办法》，对首批 14 名全国粮食行业技能拔尖人才进行集中培训，对技能拔尖人才工作室项目实施情况进行中期检查。

产教融合不断深化，行业职业教育专业建设取得新成绩。组织有关院校分解落实《高等职业教育创新发展行动计划（2015 ~ 2018 年）》工作任务。受教育部委托，组织编制《中等职业学校粮油储运与检验技术专业仪器设备装备规范》《高等职业学校粮油储藏与检测技术专业仪器设备装备规范》，制定《职业院校粮油储藏与检测技术专业顶岗实习标准》，开发《粮油工业类专业企业生产实际教学案例库》，进一步增强指导粮食职业教育的能力，提高粮食职业教育教学质量。

五 粮食行业技能鉴定与职业教育发展

（一）成功举办第四届全国粮食行业职业技能竞赛

由国家粮食局、中国就业培训技术指导中心和中国财贸轻纺烟草工会主办的2016年中国技能大赛——第四届全国粮食行业职业技能竞赛（以下简称竞赛），于2016年11月5日至7日在安徽省合肥市成功举办。竞赛主题是“培养造就粮工巧匠，守住管好天下粮仓”，开展粮油保管员和粮油质量检验员两个职业类别的比赛。

来自全国29个省（区、市）以及中国储备粮管理总公司、中粮集团公司、中国航空工业集团公司共32支代表队，226名选手参加了比赛。

竞赛参赛选手平均年龄36岁，最大的53岁，最小的19岁。其中，女选手71名，占31.4%；具有高级（国家三级）职业资格及以上的115名，占59.9%；学生选手34名，其中高职16名，中职18名。粮油保管员职业职工组参赛选手96名，平均年龄35岁，年龄最大的53岁，年龄最小的19岁。其中，女选手10名，占参赛选手的10.4%。参赛选手普遍比较年轻。其中，女选手比例较小，与粮油保管员职业劳动强度较大等特点相吻合。学生组参赛16名选手，平均年龄22岁，年龄最大的23岁，年龄最小的17岁。其中，女选手3名，占参赛选手的18.7%。粮油质量检验员职业企业组参赛选手共64名，平均年龄33岁，最大的49岁，最小的19岁。其中女选手39名，占参赛选手的61%。机构组参赛选手共32名，平均年龄32岁，最大的44岁，最小的25岁。其中女选手22名，占参赛选手的69%。学生组参赛选手共18名（其中高职学生组8名，中职学生组10名），平均年龄22岁。参赛选手普遍比较年轻，说明年轻职工队伍已经具备了较高的技能水平。其中，女选手比例较高，也与粮油质量检验工作从业人员的性别结构相似。

粮油保管员职业职工组理论知识竞赛平均分31.5分，最高64.4分，最低10分。高职学生组理论知识竞赛平均分26.06分，最高42.5分，最低12.3分。中职学生组理论知识竞赛平均分18.1分，最高32分，最低8.8分。理论知识赛题整体难度偏大，能够合理地拉开选手差距。粮油质量检验员职业理论知识竞赛企业组平均得分29.98分，最高54.9分，最低8.7分。机构组理论知识平均分31.71分，最高48.9分，最低18.6分。高职学生组理论知识平均分25.26分，最高33.5分，最低15分；中职学生组理论知识平均分15.98分，最高21.4分，最低9.4分。得分普遍不高，反映理论知识竞赛题整体难度偏大。机构组的平均分高于企业组的平均分，从一个侧面说明机构组职工整体理论水平略好于企业组职工。

技能操作比赛项目难度设置比较合理，能够拉开选手差距，成绩基本呈正态分布，试题符合职业技术特点，适合当前工作需要。

此次竞赛，中粮集团公司等6支代表队获得了团体奖，62名参赛选手获得了个人奖，中国储备粮总公司等8支代表队获得了组织奖，安徽粮食工程职业学院等4家职业院校获得了院校奖。

总体上，竞赛组织筹备工作严密，赛项设置科学合理，竞赛决赛和执裁工作做到了公平、公正、公开。通过推动竞赛组织工作，全行业加大了对高技能人才培养的重视和支持力度，“尊重知识”“尊重人才”的良好氛围进一步形成，达到了预期目标。

总结本届竞赛组织举办的经验，今后举办全行业竞赛的组织工作的努力方向是：适时增加竞赛职业范围，扩大行业竞赛的影响力和覆盖面。目前竞赛只有粮食保管员和粮油质量检验员两个职业，也就是仅限于储检类职业。加工类的制米、制油、制粉对于粮食行业发展也很重要，在行业中占有较大比重；基层职工数量规模很大，对职工技术技能要求较高。在全国职业竞赛中设立加工类职业，竞赛就能够在更大范围体现出全国、全行业的性质和特点。引入加工类职业竞赛，还可以积极引导和有效带动行业职业院校相关专业、教师队伍建设和对学生的培养，提升加工类职业教育水平。此外，在条件进一步成熟后，竞赛中还可以设立通用类职业，比如叉车工职业，不仅在行业内开展竞争，还可以参加全国技能大赛乃至世界技能大赛的竞争。

（二）粮食行业职业教育发展

1. 组织实施了《高等职业学校粮油储藏与检测技术专业仪器设备装备规范》项目

粮油储藏与检测技术专业实训基地教学与实训设备是培养粮油储检专业学生职业素质、职业技能和创新能力的重要场所，是实施“产学融合、学做合一”教学模式的基础。为了使粮食职业院校更好地培养出符合粮食行业需求的技术技能人才，体现出更加鲜明的人才培养特色，按照职业教育规律和职业成长规律，构建完整的粮油储检专业实践教学课程体系，使学生从入学开始就接受相应的实践教学和职业训练，根据本专业人才培养方案所规定的培养目标配备规范的实验、实训仪器设备和场地条件是十分必要的。学生通过粮食微生物实训、粮油出入库作业实训、粮情检查实训、粮情控制与处理实训、粮油检验基础实验、粮油物理检验实训、粮油化学检验实训等技能实训，逐步掌握粮油储检专业基本理论知识和实践操作技能，使学生达到高级粮油保管员和高级质量检验员的技能水平，提高职业意识、职业素养和职业技能。为了促进职业教育实训基地的建设与完善，促进粮油储检专业的教学改革，本着“立足当前、兼顾发展”的原则，制定出标准，为职业院校和相应层次的培训机构开展粮油储检专业的实验、实训教学以及社会培训，提供专业仪器设备的种类、数量、技术要求等配备依据和场地要求，以保障粮油储藏与检测技术专业人才的培养质量。

2. 进一步推动校企合作

一是行业23所职业院校承担了面向行业企业的技能培训任务，全年共培训职工1.5万人次。二是积极为校企合作牵线搭桥。联系职业院校为企业组建的技能培训基地提供服务，如派出专家为中粮贸易有限公司培训基地提供专业指导，推荐骨干专家到基地进行授课等。

3. 进一步加强专业结构建设

一是组织专家参与《高等职业学校专业教学标准》修（制）订工作，提交了工作组名单和计划修订的专业意向；二是对《中等职业学校专业目录》提出保留原有粮油储运与检验技术和粮油饲料加工技术 2 个专业，新增食品药品与粮食专业大类，并将相关专业归口到此专业大类中的建议。

4. 加强专业教学建设

《粮油工业类专业企业生产实际教学案例》项目通过了评审，已验收结项。工作达到了预期效果，对开展专业教学具有较强的指导作用。

5. 组织修订《粮油储检、加工专业教学指导方案》

为使粮食骨干专业教学发展更为规范，根据粮油储检、加工专业教学标准，结合实际工作，组织专家修订《粮油储检、加工专业教学指导方案》，对开展骨干专业教学方面具有较强的指导性。

6. 进一步推动职业教育改革发展

组织职业院校负责人参加全国粮食行业人才兴粮工作会议，促进职业教育对接行业人才队伍建设。组织“全国粮食行业院校人才培养成果展”，34 所院校集中展示粮食职业教育教学和人才培养成果。活动取得良好效果，对大力实施科技兴粮和人才兴粮工程，推动行业人才发展体制机制改革，为确保国家粮食安全提供坚实的人才保障具有重要意义。

第九部分

粮食节约

一 节粮减损行动

国家粮食局着力减少粮食储运等各个环节损失，广泛开展爱粮节粮公益宣传，节粮减损工作取得新成效。

国家发展改革委、国家粮食局印发《粮食行业“十三五”发展规划纲要》（发改粮食〔2016〕2178号），把“促进粮食节约减损”作为重要内容，提出到2020年每年减少粮食产后流通环节损失浪费1300万吨以上，损失浪费率下降40%以上。国家粮食局印发《粮油加工业“十三五”发展规划》（国粮储〔2016〕278号），着力抑制成品粮油过度加工，提出到2020年大米、小麦粉出品率提高2～3个百分点，食用植物油出品率提高0.5个百分点，米糠等副产物综合利用率达到50%以上，力争加工环节每年节粮400万吨以上。

督导2015年11月下达的农户科学储粮专项建设进度，力争2016年秋粮上市前投入使用。截至2016年底，11个省完成建设任务，其中安徽、福建、湖北、重庆、四川、陕西6个省超额完成建设任务，辽宁、吉林、浙江、江西4个省拟于2017年完成。四川、山东等省2016年结合扶贫等工作，省里自筹资金建设25.6万套农户科学储粮小粮仓。截至2016年底，全国26个省（区、市）累计为农户配置了约1000万套标准化储粮装具，平均每年可减少储粮损失约115万吨，每年为农民增收近25亿元。

国家发展改革委、国家粮食局下达粮食仓储和物流设施建设项目中央预算内投资29.492亿元，其中粮食仓储设施项目建设仓容973.7万吨，项目建设减轻了仓容紧张地区的收储压力，缓解了农民“卖粮难”，促进了粮食流通效率的提高，减少了储粮损失。还下达江苏、安徽两省储粮罩棚建设计划263万吨（江苏省126万吨、安徽省137万吨），为切实解决这些地区粮食收储仓容不足问题提供“兜底”措施。财政部、国家粮食局下达中央财政补助资金22亿元用于“危仓老库”维修专项（含粮库智能化升级改造），扩大了粮食收储能力，进一步提高了粮食收储安全水平。

国家发展改革委、财政部等十部门印发了《关于促进绿色消费的指导意见》（发改环资〔2016〕353号），进一步推进开展反食品浪费行动，促进全社会形成爱粮节粮的良好风尚。

同时，国家粮食局进一步加强仓储管理工作，出台《粮油储存安全责任暂行规定》《粮油安全储存守则》《粮库安全生产守则》，启动粮食行业全员轮训，寓管理于培训之中；组织开展春秋两季粮油安全大检查，加强技术指导，确保了储粮安全、促进储藏环节减少粮食损失。

为贯彻落实国务院办公厅《关于完善支持政策促进农民持续增收的若干意见》（国办

发〔2016〕87号）“建设一批集收储、烘干、加工、配送、销售等于一体的粮食服务中心”有关要求，国家粮食局积极开展调研，研究制定了《粮食产后服务体系建设方案》，提出从2017年开始开展粮食产后服务体系建设，为种粮农民提供“代清理、代干燥、代储存、代加工、代销售”等“五代”服务，同步实施农户科学储粮建设，减少粮食产后损失。方案得到了有关部门支持。

二 爱粮节粮宣传教育

2016年，国家粮食局认真落实中办、国办有关文件要求，积极组织开展世界粮食日和全国爱粮节粮宣传周活动，深入打造“节约一粒粮”宣传教育活动品牌，爱粮节粮宣传效果持续增强。

（一）突出主题，深入开展世界粮食日和全国爱粮节粮宣传周活动

2016年世界粮食日和全国爱粮节粮宣传周期间，会同农业部、教育部、科技部、中国气象局、全国妇联和联合国粮农组织等部门与组织，以“积极应对气候变化 促进粮食减损增效”为主题，在全国范围内组织开展粮食减损增效“三进”系列活动。活动周期间，地方各级粮食、农业政策技术专家，走进农村、走进学校、走进家庭，通过专题讲座、技术指导、互动交流、职业体验、作品征集等形式，宣传讲解国家粮食政策和减损增效科技知识，发放主题宣传册、宣传品。各地还结合实际，组织开展主题知识竞赛、节粮主妇评选、节粮小窍门征集等活动。据统计，全国共有3000多个工作组、2万多人，走进4万多个村组、20多万家农户、2000多所学校、20000多个家庭，举办专题讲座1000多次，与农民座谈交流16000多次，发放主题宣传册15万套、宣传品9万套。

（二）创新方式，进一步丰富爱粮节粮宣传教育活动内容

2016年，围绕粮食流通中心工作，通过精心策划宣传报道、节粮减损权威发布、特色活动等形式，开展爱粮节粮宣传教育活动，形成规模效应。其中，1月、5月、6月、10月分别围绕粮食绿色产业、科技成果转化、粮食质量安全、粮食减损增效等主题，组织中央和省级主流媒体发布新闻报道300余篇，拍摄爱粮节粮宣传片7个、制作专题节目1期。世界粮食日和全国爱粮节粮宣传周主会场邀请气象先生冯殊围绕活动主题进行权威发布，倡导社会各界积极应对气候变化，采取有效措施，促进粮食减损增效。各地粮食部门结合地方特色，组织开展放心粮油进社

区、“十大好米”评选、爱粮节粮标兵评选、爱粮节粮诗诵读和粮油质检咨询等活动，有效增强爱粮节粮宣传的互动性、传播性，在全国营造了爱惜粮食、珍惜粮食的良好氛围。

（三）在《中国粮食经济》进行长期不间断宣传和深度宣传

1. 开设专栏

为加大宣传力度，中国粮食经济杂志社提前筹划，从2014年度第1期《中国粮食经济》开始即开设了“爱粮节粮”栏目，每期刊登1～2篇主题文章，或抒发爱粮情怀，或交流节粮减损经验，或发出节粮倡议，具有较强的可读性和吸引力。从2014年第9期至2016年底，栏目连续刊登了由国家粮食局组织开展的爱粮节粮主题征文获奖作品及相关文章共60余篇。此外，在“专题”“特别报道”“调查”“一月要闻”等栏目对历年世界粮食日暨全国爱粮节粮宣传周活动、全国粮食科学技术大会、传承弘扬“四无粮仓”精神专题及系列报道、粮食系统“双先”爱粮节粮先进事迹、农户科学储粮工程实施情况、粮食科技活动周等重点宣传主题也进行了大力度、多角度、全方位的宣传，并在“茶余饭后”“美食健康”等栏目进行科学食粮知识普及。

2. 出版爱粮节粮增刊进行集中宣传

2014年、2015年、2016年分别围绕“节约一粒粮，我们在行动”“兴粮惠农进万家”“积极应对气候变化，促进粮食减损增效”的主题，各出版了一期《中国粮食经济》爱粮节粮增刊。增刊采用全彩色印刷，以世界粮食日、爱粮节粮宣传周期间粮食、农业、气象等系统开展的主要活动，各地粮食系统在节粮减损方面取得的成绩，爱粮节粮示范企业典型经验以及节粮减损小窍门等为主要内容，向系统内外广大读者免费赠阅。2016年，增刊集中报道了联合国粮农组织、联合国粮食计划署以及我国主会场及各分会场举办的活动，刊登了气象专家撰写的论述气候变化与粮食安全的论文，介绍了科学储粮的先进经验等。

3. 积极开展“节约一粒粮”系列公益宣传

2014年3月中办发〔2014〕22号文件印发后，杂志社认真学习领会文件精神，迅速行动，从第2014年4月份出版的《中国粮食经济》第4期开始，在封面位置连续刊登由杂志社自主设计的“节约一粒粮”系列公益广告。从2015年第1期开始，公益宣传由不定期刊登改为连续刊登。截至2016年底，共发布公益广告30余期。针对粮食行业刊物的定位，在宣传中突出粮食行业特色，不仅从消费、健康角度宣传，更注重引领行业推广先进绿色储粮技术、加工技术等，起到了较好的引领作用。

4. 编撰制作爱粮节粮宣传手册

为做好世界粮食日暨全国爱粮节粮宣传周活动，在国家粮食局的统一安排下，2015年和2016年，分别编撰印制了《粮食政策你问我答》和《积极应对气候变化，促进粮食减损增效》宣传册，在活动期间通过各级粮食行政管理部门在全社会发放。

专栏　2016年世界粮食日和全国爱粮节粮宣传周

2016年10月16日是第36个世界粮食日，所在周是我国第26个全国爱粮节粮宣传周。2016年世界粮食日的主题是“气候在变化 粮食和农业也在变化”。围绕主题，我们将全国爱粮节粮宣传周的主题确定为：“积极应对气候变化 促进粮食减损增效”。由各级粮食部门会同农业、教育、科技、气象、妇联等部门和组织在全国范围内组织开展粮食减损增效“三进”系列活动。活动周期间，地方各级粮食、农业等部门组织政策技术专家，走进农村、走进学校、走进家庭，通过专题讲座、技术指导、互动交流、职业体验、作品征集等形式，宣传讲解国家粮食政策和减损增效科技知识，发放主题宣传册、宣传品。

（一）主会场活动

2016年10月16日，国家粮食局、农业部、教育部、科技部、中国气象局、全国妇联和联合国粮农组织、江苏省人民政府在江苏省南京市联合主办2016年世界粮食日和全国爱粮节粮宣传周主会场活动，国家粮食局副局长徐鸣作了讲话。活动现场，气象先生冯殊围绕活动主题进行权威发布，邀请种粮大户、保粮卫士、科技专家、节粮家庭、奥运冠军等主题人物，现场分享粮食减损增效故事，活动为31个省（区、市）粮食局代表和江苏省13个地市粮食局代表授旗，倡导社会各界积极应对气候变化，采取有效措施，促进粮食减损增效。

（二）粮食减损增效“三进”活动

1. 粮食减损增效进农村

全国共有1200多个工作组、11000多人，走进4万多个村组，覆盖20多万家农户，面向农民群众举办专题讲座300多次，与农民互动交流16000多次，深入宣传国家粮食生产、收购政策，调研秋粮收购工作开展情况，讲解粮食种植、收获、储藏科技知识以及节粮减损知识，普及气候对粮食生产、收获、储藏的影响以及未来气候变化趋势。

2. 粮食减损增效进学校

各级粮食、教育部门会同农业、科技、气象等部门组成800多个工作组、6000多人，组织2000多所学校1万多名学生走进种粮大户、农技站、粮库、气象站等，组织职业体验58000多次，举办各类“气候变化与粮食减损增效”专题讲座200多次，宣传讲解粮食安全形势、粮食供给状况、气候变化对粮食安全的影响等科普知识。部分省市还举办了“五谷拼图”“朗读爱粮节粮诗句”“粮食知识竞赛”等特色活动。

3. 粮食减损增效进家庭

全国共有1000个工作组、9000多人，走进2000多个社区开展主题科普讲座500多次、互动交流4000多次、主题倡议700多次，向公众宣传讲解节粮减损、粮油营养健康，以及气候变化对粮食和农业的影响等科普知识，发放“气候变化与粮食减损增效”主题宣传册、爱粮节粮主题宣传品。各地还结合实际开展了主题知识竞赛、节粮主妇评选、节粮小窍门征集等活动。

活动周期间，中央和省级电视媒体共播出活动相关消息80多条，时长1小时50分，纸质媒体共报道消息170条，电台报道消息50多条，时长2小时20分，中国政府网抓取3条。

第十部分

粮食对外开放

一 2016年粮油进出口形势分析

（一）粮食

2016年全球粮食生产再获丰收，供应充足而需求疲软，同时美元不断升值，受此影响，国际市场粮价持续低位运行。据联合国粮农组织统计，2016年全球谷物产量达26亿吨，比上年增加6620万吨，再创历史新高。2016年我国粮食产量61625万吨，比上年减产518.9万吨，仍处于历史第二高位，谷物供应充足，库存持续增加，国内粮食市场消费需求不旺，玉米和稻谷仍阶段性产大于需，市场价格均有所回落。2016年我国粮食进口较上年有所减少，出口小幅增加。

1. 粮食进口减少

据海关统计，2016年我国进口粮食11467.6万吨（包括谷物和豆类），比上年减少1009.9万吨，减幅8%。

（1）大豆。由于国内豆粕需求较旺，而国际市场大豆价格低位运行，大豆压榨企业采购进口大豆积极性较高，但进口增速放缓。全年大豆进口8391.3万吨，比上年增加222.1万吨，占粮食进口总量的73%。其中从巴西、美国进口分别占46%和41%。

（2）小麦。受国内小麦产量减少、品质下降等影响，国产优质强筋小麦供应偏紧，企业通过进口满足加工需要。全年进口小麦341.2万吨，比上年增加40.6万吨。其中从澳大利亚、美国、加拿大进口分别占40%、25%、25%。

（3）玉米。2016年我国进口玉米316.8万吨，比上年减少156.2万吨。主要是2016年实施玉米收储制度改革，将玉米临时收储政策调整为“市场化收购”加“补贴”的新机制。新产玉米上市后，国内玉米价格回归市场，国内外价差逐渐缩小，进口大幅减少。进口玉米中，从乌克兰、美国进口分别占84%和7%。

（4）大米。2016年我国进口大米356.2万吨，比上年增加18.5万吨，主要是中国－东盟自贸区项下对碎米、籼米以外的其他大米执行20%的优惠税率，配额外大米进口增长较快。进口大米主要来自东南亚地区，其中从越南、泰国、巴基斯坦进口分别占45%、27%、20%。

另外，受国内玉米价格大幅下跌，国内外玉米及其替代品价差缩小等影响，2016年高粱、大麦和玉米酒糟粕（DDGS）等非关税配额管理商品进口大幅减少。全年进口高粱664.7万吨、大麦500.5万吨、玉米酒糟粕306.6万吨，比上年分别减少405.3万吨、572.7万吨、375.4万吨，同比下降37.9%、53.4%、55.0%。

2. 粮食出口增加

由于国际市场粮价普遍低于国内，我国粮食出口继续维持较低水平，但较上年小幅增加。2016年出口粮食190.1万吨，比上年增加26.6万吨。其中，大米39.5万吨，增加

10.8 万吨，出口到韩国的占 44%。小麦 11.3 万吨，减少 0.9 万吨，销往香港的占 76%。玉米 0.4 万吨，减少 0.7 万吨。

（二）食用油

2016 年全球油料增产，油脂供应充足，价格低位运行。2016 年我国食用油进口 552.8 万吨，比上年减少 123.7 万吨。其中，棕榈油 315.7 万吨，减少 115.5 万吨；豆油 56 万吨，减少 25.8 万吨。油菜籽及菜籽油进口进一步减少，2016 年进口油菜籽 356.6 万吨，比上年减少 90.5 万吨；进口菜籽油 70 万吨，减少 11.5 万吨。

我国食用油出口较少。2016 年出口 11.3 万吨，比上年减少 2.2 万吨。分品种看，豆油出口 8 万吨，减少 2.4 万吨，占出口总量的 71%。

二 对外交流与合作

2016 年，国家粮食局积极扩大和加强对外交流与合作，推进与外国政府负责粮农事务的部门、有关粮农国际组织、协会、研究机构等建立双边或多边合作机制，加强在粮食储藏、质量检测、科技研发、市场信息和政策法规等方面的交流与合作；根据粮食工作需要，务实引进国外智力；积极帮助和指导粮油企业“走出去”，努力为保障我国和世界粮食安全贡献力量。

（一）积极推动国际交流，加强对外合作

2016 年，国家粮食局领导会见了来访的外国政府粮农机构、粮油协会、国际粮农组织和跨国企业高级代表团，来宾主要包括印度尼西亚国有企业部部长、加拿大农业和农业食品部部长、乌拉圭牧农渔业部部长、澳大利亚副总理助理部长、联合国粮农组织驻华代表、联合国世界粮食计划署驻华代表、法国粮食出口协会主席、国际谷物理事会理事长、法国罗盖特集团全球事务总裁等。2016 年，共接待国外来访团组 21 个，来访外宾近 200 人次。

通过交流，使来宾对我国粮食生产、消费、贸易、储藏、质检和科技等情况，以及粮食收储制度改革情况有了全面了解，为进一步加强国家粮食局与国外政府粮食主管部门、协会和大企业的合作奠定了基础。在此基础上，国家粮食局同有关国家政府涉粮机构建立了长期合作机制并稳步推进合作项目的实施。

一是国家粮食局和阿根廷农业产业部在已签署合作谅解备忘录的基础上，为进一步增进中阿两国在粮油领域的交流与合作，全面落实谅解备忘录内容，正在推进组建中阿粮食合作联合委员会，以促进双方在粮食流通、贸易政策、科学技术及质量标准等方面

深化合作。

二是推进了国家粮食局和印尼国有企业部签署合作谅解备忘录，就两国粮食及农作物加工和存储合作事宜进行对接。按照合作谅解备忘录的内容，国家粮食局组织了粮食仓储物流加工能力建设咨询团组赴印尼访问，履行合作备忘录，实地为印尼提供仓储技术和设计的指导和帮助，并组织了印尼选派的仓储技术人员来我国进行仓储科学技术培训。

三是促成了国家粮食局和加拿大谷物委员会签署合作谅解备忘录。2015年，国家粮食局与加拿大谷物委员会签署了合作意向书。为进一步加深中加两国在粮食领域的交流与合作，并力争在粮食储藏、加工、物流、标准质量和粮油科技合作等方面取得更深更广的成效。在国家发展改革委和外交部的大力支持下，国家粮食局与加拿大谷物委员会于2016年11月4日签订了双方合作谅解备忘录。该备忘录的签订列入李克强总理出访加拿大成果清单。

四是促成了国家粮食局和乌拉圭牧农渔业部签署粮食领域合作谅解备忘录。谅解备忘录的签署开启了国家粮食局与乌拉圭牧农渔业部在粮食科技、加工、质量安全和贸易等方面的交流与合作。

五是推动了国家粮食局和澳大利亚农业与水利部签署粮食领域合作意向书。合作意向书签订后，双方保持密切联系，共同探讨开展合作的渠道与方式。国家粮食局积极协调局科学研究院与澳大利亚农业与水利部农业资源经济科学局开展农产品价格波动联合研究。

以上合作谅解备忘录及合作意向书的签署和实施，标志着国家粮食局同这些国家在促进粮食科技、粮油加工、质量标准、生态绿色储粮和节粮减损等领域的合作更加深入、持久。

（二）帮助和指导粮油企业“走出去”

为积极实施国家农业“走出去”战略，国家粮食局积极帮助和指导粮食企业“走出去”。组织召开了粮油企业“走出去”座谈会，在了解他们“走出去”情况的基础上，创造条件，使相关企业参与国外政要来访座谈，了解企业诉求，帮助“走出去”企业解决问题，并把拓展合作纳入局领导出访任务。局领导出访澳大利亚和新西兰，秘鲁和智利，主要任务是签署和实施合作谅解备忘录项目，帮助“走出去”企业解决面临的实际困难和问题，探讨我国与其他国家在粮食储藏和粮油深加工等方面开展技术合作的可能性，为我国粮食企业在国外立足创造有利条件，引导两国粮食企业基于双方需要商谈具体项目合作，探讨交流我国在节粮减损方面的技术和经验，推介我国相关企业与国外企业开展技术交流和设备出口合作。

（三）认真履行国际义务，维护国家利益

1. 做好亚太经济合作组织（APEC）粮食安全政策伙伴关系机制（PPFS）相关工作

根据外交部的部署，国家粮食局负责承办 APEC PPFS 有关会议。2016年8月下旬，国家粮食局在北京组织召开了 APEC PPFS 框

架内的“APEC 粮食标准互联互通研讨会”及“APEC 小农和中小企业粮食减损技术、经验和有关行动高级别研讨会”。来自澳大利亚、加拿大、俄罗斯、智利等 13 个 APEC 经济体和国际标准化组织（ISO）的代表共 90 余人参加了会议，代表们交流对话，推动务实合作，共同促进亚太地区粮食安全。

为履行国家粮食局作为 APEC PPFS 中国政府代表的义务，国家粮食局派员参加了在日本召开的“APEC 构建农业和食品全球价值链冷链技术高级别论坛”，以及在越南召开的“APEC 加强基础设施投资保障粮食安全政府企业论坛”，并在会上作了关于中国粮食收储供应安全保障工程建设的报告。不仅维护了中国的利益和话语权，也帮助 APEC 各成员政府部门、私营部门以及其他相关国际组织加深对国家粮食局的了解和认识，展现了国家粮食局在 APEC 舞台的良好形象。

2. 做好亚洲合作对话（ACD）相关工作

国家粮食局作为 ACD“粮食、水和能源安全相互关系”领域牵头单位，在外交部的统一部署下，与水利部、能源局等相关部门紧密配合，推动合作。为推动工作有效开展，国家粮食局组织局科学研究院申请了 2017 年度亚洲区域合作专项资金项目——ACD 框架下绿色生态储粮技术研修班项目。国家粮食局还积极配合外交部，为 2017 年 1 月中旬在阿联酋阿布扎比召开的 ACD 第 15 次外长会议做相关准备工作。

3. 促进海峡两岸粮食行业交流

为增进两岸粮食行业的交流与合作，密切两岸粮食界“粮食情、一家亲”的同胞关系，更好地维护两岸粮食安全，经国台办批准，国家粮食局组织台湾中华农产运销协会代表团来大陆考察，并举办了两岸粮食行业交流座谈会，就两岸粮食安全形势、粮食产销供应现状、粮油科技发展情况、粮油标准制修订工作、台湾稻米在大陆贸易情况等议题进行了充分交流。

（四）积极借鉴国（境）外粮食科学技术和管理经验

2016 年，为解决粮食综合加工利用、油脂技术开发，以及粮食储藏先进技术等方面的问题，国家粮食局积极向国家外国专家局申请引进国外智力项目。经过努力，国家粮食局共获批引进境外技术、管理人才项目 2 项，分别是国家粮食局科学研究院的“粮食质量安全控制与转化利用”项目和中粮营养健康研究院的“食品安全与营养健康技术与创新方法研究”项目，合计聘请国（境）外专家 61 人次，资助引智项目经费 70 万元。

引进专家通过实验指导、现场调研、讲座等形式，带来了食品营养、农产品加工、粮食储藏、粮食质量安全、畜牧业营养等多个领域的先进经验和科学技术。这些引智项目的执行，为解决我国粮食行业发展过程中的难点问题提供了有效的智力支持，特别是促进了我国粮食质量安全控制与转化利用科研水平，并推动了我国食品安全与营养健康技术与创新方法研究，为我国营养健康食品科学探索了新的发展方向。同时，项目单位与国外粮油科研机构巩固了已有合作基础，并建立了新的国际合作关系及人才联合培养机制。

（五）组织因公出国（境）培训项目和国际会议团组出访

2016年，为提高粮食流通管理水平，深化粮食流通领域改革，国家粮食局向国家外国专家局申请并获批因公出国（境）培训项目3个：一是政策法规司赴加拿大粮食流通管理体制与法制建设培训项目；二是标准质量管理办公室赴阿根廷大豆、玉米标准与检验技术培训项目；三是仓储与科技司赴巴西粮食产业经济发展培训项目。在执行培训项目过程中，各单位严格遵守国家有关规定，合理安排培训课程，严格选拔培训人员。通过执行培训项目，我国粮食管理部门和粮食企业的干部及技术人员学习了有关国家在粮食产业发展、法制建设、粮食检验技术等方面的经验和技术，为提高我国粮食管理与储粮技术水平起到了积极的借鉴作用。

为支持粮食行业人才更广泛地参加国际交流与合作，着眼国家发展大局和国家粮食局中心工作实际需要，2016年，国家粮食局积极派员参加粮食行业国际会议或出国执行合作项目。如派员参加国际标准化组织谷物与豆类分委员会第38次会议、东盟与中日韩大米紧急储备（APTERR）理事会第四次会议、第九届世界真菌毒素论坛、国际食品工业展览会等，派员与美国阿肯色大学、美国农业部、比利时根特大学等开展项目交流与合作。通过派员参加这些国际会议、执行合作项目，使我国科研技术人员了解行业前沿动态，与各国同行交流粮食科学技术和产业发展经验，探讨共同开展项目合作，积极扩大我国在粮食领域的国际影响力。

附录

一 2016年大事记

一月

1月5日，国家粮食局印发《国家粮食局关于在全国粮食系统开展向河北省柏乡粮库学习活动的决定》，号召全国粮食系统学习“宁流千滴汗、不坏一粒粮”行业优良传统和创业创新节俭奉献“四无粮仓精神”，履行保障国家粮食安全重要使命，守住管好“天下粮仓”。

1月8日至9日，全国粮食流通工作会议在北京召开。会议深入学习贯彻党的十八大、十八届三中、四中、五中全会和习近平总书记系列重要讲话精神，学习贯彻中央经济工作会议、中央农村工作会议精神，总结“十二五”及2015年粮食流通工作，研究粮食行业“十三五”发展思路，部署2016年粮食流通重点工作；表彰全国粮食系统弘扬“四无粮仓”精神先进单位和先进个人。会议认真传达学习了国务院领导同志最近对粮食流通工作的重要批示。国家发展改革委主任徐绍史同志出席会议并讲话。任正晓同志作工作报告，徐鸣同志作总结讲话。曾丽瑛、赵中权、卢景波、邓亦武同志出席会议。

1月8日，“全国粮食统一竞价交易平台”正式上线运行，国家发展改革委主任徐绍史、国家粮食局局长任正晓、中国粮食行业协会会长聂振邦、财政部经建司司长曾晓安出席启动仪式。

1月14日，国家粮食局在京召开传承科学精神推进人才兴粮工作座谈会，研讨加强粮食行业科技领军人才队伍建设和“十三五”粮食科技创新发展问题。任正晓同志出席会议并讲话。徐鸣同志主持会议。中国工程院孙宝国院士、岳国君院士等参加了座谈讨论。

1月14日，国家粮食局召开局党组会议，传达十八届中央纪委六次全会精神，认真学习习近平总书记在全会上的重要讲话，研究部署贯彻落实的工作措施。任正晓同志主持，徐鸣、赵中权、卢景波、邓亦武同志出席。

1月19日至21日，任正晓同志带队赴内蒙古、黑龙江专题调研粮食收购、安全储粮和春节市场供应等重点工作。曾丽瑛、赵中权、卢景波、邓亦武同志分别带队赴贵州省、广东省、浙江省、河北省督导调研当前粮食流通重点工作。

1月22日，国家粮食局召开2015年度全局工作总结大会。任正晓同志代表领导班子作年度述职报告。徐鸣、曾丽瑛、赵中权、卢景波、邓亦武同志出席。

1月28日，卢景波同志带队赴安徽督导调研粮食流通重点工作，并赴国家粮食局扶贫点阜南县进行实地调研，进村入户走访慰问困难群众，与市县党委、政府和有关部门就进一步做好扶贫开发工作进行座谈。

二月

2月1日，国家粮食局召开局党组会议，专题研究部署党的建设、党风廉政建设和反腐败工作，学习贯彻王岐山同志在十八届中央纪委第六次全体会议上的报告、张高丽同志主持召开的经济和党建工作会议精神，传达贯彻中央国家机关第30次党的工作会议暨第28次纪检工作会议精神，审议《中共国家粮食局党组关于加强和改进党的群团工作的实施意见》《国家粮食局2016年党风廉政建设和反腐败工作要点》《国家粮食局2016年机关党建工作要点》。任正晓同志主持会议，徐鸣、曾丽瑛、赵中权、卢景波、邓亦武同志出席会议。

2月2日，任正晓同志与武警部队后勤部副部长岳爱民少将举行新年工作座谈会，回顾总结过去一年军粮供应保障工作取得的可喜成绩，就新形势下加强和改进军粮保障服务工作、实现军民融合式发展交换意见。卢景波同志参加座谈。

2月3日，任正晓同志带队到北京市检查调研春节粮油市场供应和安全生产工作。卢景波同志参加调研。

2月26日至27日，全国粮食流通监督检查工作会议在四川成都召开。会议深入学习贯彻党的十八届五中全会和中央经济工作会议、中央农村工作会议精神，学习贯彻全国粮食流通工作会议的工作部署，总结2015年全国粮食流通监督检查工作，分析形势，交流经验，部署2016年重点工作任务。任正晓同志专门对会议作出重要批示，邓亦武同志出席会议并讲话。

2月29日，中央第十三巡视组专项巡视国家粮食局党组工作动员会召开。会前，中央巡视工作领导小组办公室负责同志向任正晓同志传达了习近平总书记关于巡视工作的重要指示。会上，中央第十三巡视组组长朱保成同志就即将开展的专项巡视工作作了讲话，中央巡视工作领导小组办公室负责同志就配合做好巡视工作提出要求，任正晓同志主持会议并作表态发言。随后，任正晓同志主持召开局党组会议，传达学习贯彻习近平总书记关于巡视工作的重要讲话精神，研究讨论进一步支持配合做好专项巡视的有关工作。徐鸣、曾丽瑛、赵中权、卢景波、邓亦武同志出席。

三月

3月2日，任正晓同志会见来访的印度尼西亚国有企业部部长莉尼·苏玛尔诺女士一行。双方交流了近年来中印两国农业粮食界在粮食流通、科技等方面开展交流合作的情况，就进一步深化合作的领域和途径交换了意见。

3月17日至18日，全国粮食调控与统计工作会议在福建福州召开。会议贯彻落实全国粮食流通工作会议精神，总结交流2015年粮食调控与统计工作，研究分析粮食流通面临的新形势、新问题，安排部署2016年工作任务，并会审汇编了2015年度全国粮油统计年报。任正晓同志对会议作出重要批示，卢景波同志出席会议并讲话。

3月22日，国家粮食局印发《国家粮食局关于粮食行政管理部门深入推进依法行政 加快建设法治粮食的意见》。

3月23日至25日，国家粮食局在甘肃兰州召开了全国粮食质量安全监管工作会议，深入学习贯彻党的十八届五中全会和中央经济工作会议、中央农村工作会议精神，传达习近平总书记、李克强总理对食品安全工作的重要指示和批示，认真落实粮食流通工作会议部署要求，总结交流“十二五”及2015年粮食质量安全工作情况，分析形势，谋划“十三五”发展思路，部署2016年粮食质量安全重点任务。任正晓同志对会议作出重要批示，卢景波同志出席会议并讲话。

3月27日，国家粮食局召开局党组会议，传达学习习近平总书记重要批示和毛泽东同志《党委会的工作方法》，审议《中共国家粮食局党组关于学习贯彻习近平总书记重要批示精神切实加强党组领导班子建设的措施意见》；传达学习中纪委《关于七起落实“两个责任”不力受到责任追究典型问题的通报》，驻委纪检组通报有关案件核查情况和处理意见。任正晓同志主持，徐鸣、曾丽瑛、赵中权、卢景波、邓亦武同志出席，中央第十三巡视组、中央纪委驻国家发展改革委纪检组负责同志出席会议。

四月

4月5日，国家发展改革委、国家粮食局等6部门印发2016年小麦和稻谷最低收购价执行预案的通知。预案规定了2016年白小麦、红小麦和混合小麦最低收购价格均为每市斤1.18元，早籼稻最低收购价格为每市斤1.33元，中晚籼稻最低收购价格为每市斤1.38元，粳稻最低收购价格为每市斤1.55元。

4月7日，国家粮食局召开局党组（扩大）会议，传达中央“两学一做”学习教育工作座谈会精神，传达学习习近平总书记关于“两学一做”学习教育的重要指示，学习刘云山、赵乐际同志在座谈会上的讲话，对国家粮食局开展“两学一做”学习教育进行全面部署。任正晓同志主持会议并讲话。

4月11日，任正晓同志和曾丽瑛、邓亦武同志与国家机关事务管理局局长李宝荣同志商谈工作。

4月14日，国家粮食局在安徽合肥召开全国夏粮收购工作会议，会议主要内容是研究分析小麦、油菜籽和早籼稻生产、购销形势，安排部署夏季粮油收购工作，卢景波同志主持会议并讲话。

4月15日，国家粮食局召开全局廉政警示教育大会，任正晓同志主持大会并作讲话，徐鸣、曾丽瑛、赵中权、卢景波、邓亦武同志出席。中央纪委驻国家发展改革委纪检组负责同志出席会议并通报违纪案件处理情况。中央第十三巡视组负责同志出席会议。

4月19日至20日，国家粮食局在山东济南召开全国粮食财会工作会议，认真贯彻落实全国粮食流通工作会议精神，总结“十二五”时期全国粮食财会工作，会审汇编2015年度国有粮食企业会计决算报表，安排布置2016年粮食财会工作。任正晓同志对会议作出重要批示。邓亦武同志出席会议并讲话。

4月26日，任正晓同志出席国务院新闻办举行的新闻发布会，介绍当前粮食流通工作有关情况，并回答记者提问。卢景波同志出席。

五月

5月3日，中国国际贸易促进委员会粮食行业分会与台湾的中华农产运销协会代表团在国家粮食局科学研究院举行了两岸粮食行业交流座谈会。座谈会由中国国际贸易促进委员会粮食行业分会会长邓亦武主持，台湾中华农产运销协会陈保基顾问、李苍郎理事长、林传琦专家等代表，中国国际贸易促进委员会两会行业分会、国家粮食局科学研究院、标准质量中心、中国粮食研究培训中心以及中粮集团大米部有关负责同志参加了座谈。

5月5日，国家有关部门在河南省郑州市举办粮食库存检查部门联合抽查动员培训会，部署2016年粮食库存检查部门联合抽查工作。邓亦武同志出席会议并作动员讲话。

5月5日，国家粮食局发布2016年第1号公告。根据新修订的《中央储备粮管理条例》规定、《国务院关于国有企业发展混合所有制经济的意见》（国发〔2015〕54号）、《国务院关于第二批取消152项中央指定地方实施行政审批事项的决定》（国发〔2016〕9号）和《国务院关于第二批清理规范192项国务院部门行政审批中介服务事项的决定》（国发〔2016〕11号）有关精神，国家粮食局决定对中央储备粮代储资格认定有关事项予以调整修改。

5月17日，国家粮食局在武汉轻工大学举办2016年粮食科技活动周“首届全国粮食科技成果转化对接推介活动”，组织粮食企业与科研单位、高等院校及科技人才开展“科企对接”活动，有效推进成果对接、机构对接、人才对接，为粮食行业实施创新驱动发展战略探索新路径。徐鸣同志出席活动并讲话。

5月26日，任正晓同志会见法国罗盖特集团全球公共事务主管克里斯托夫·鲁普·达勒姆一行。双方交流了当前全球谷物特别是玉米市场供求形势、粮食质量安全、粮食科技和精深加工发展等方面的情况，并探讨了加强国家粮食局科学研究院与罗盖特集团的交流合作问题。

5月27日，国家粮食局发布2016年第2号公告。根据《国务院办公厅关于做好行政法规部门规章和文件清理工作有关事项的通知》（国办函〔2016〕12号）部署和要求，国家粮食局对2000年至2016年1月底发布的政策性文件进行了清理。经商国务院有关部门，决定废止13件政策性文件。

5月31日，国家粮食安全政策专家咨询委员会在京成立并召开第一次全体会议。该专家委员会由王春正、陈锡文担任顾问，张晓强担任主任委员，韩俊、赵中权担任副主任委员，25名来自各大研究机构、院校、企业和有关部门的专家学者受聘成为首批委员。任正晓同志到会并讲话，张晓强主任委员在会上讲话并主持召开了专家咨询委员会成立后的第一次全体会议。

5月31日，国家发展改革委召开粮食安全省长责任制考核工作组第一次联席会议。会议宣布了考核工作组领导成员、考核工作组办公室组成名单，听取了考核工作组办公室汇报，审议了《粮食安全省长责任制考核工作方案》和《关于开展2016年度粮食安全省长责任制考核工作的通知》。考核工作组组长、国家发展改革委主任徐绍史同志主持会议并讲话，考核工作组副组长、国家粮食局局长任正晓同志作总结讲话。

六月

6月2日至3日，国家粮食局组织党组中心组2016年第二季度集中学习暨基层党组织书记“两学一做”学习教育专题培训，任正晓同志主持学习培训并作总结讲话，徐鸣同志作

《切实发挥党支部在“两学一做”学习教育中的基础作用》开班党课报告。中组部等有关负责同志出席指导。

6月6日，任正晓同志主持中央第十三巡视组专项巡视国家粮食局党组情况反馈会，中央第十三巡视组组长朱保成同志、中央巡视办副主任王瑛同志讲话，任正晓同志作表态发言。

6月6日，为保护种粮农民利益，维护粮食市场平稳和价格稳定，经研究，国家粮食局决定由中储粮总公司在新疆维吾尔自治区收购部分2016年产小麦作为国家临时存储粮食。

6月13日，中央军委后勤保障部副部长刘生杰中将赴山东省调研指导军粮供应保障工作，任正晓同志一同参加调研活动。

6月16日至17日，国家粮食局在陕西省西安市召开全国粮食局长座谈会，总结交流今年以来各地贯彻中央经济工作会议、中央农村工作会议精神，落实粮食安全省长责任制和全国粮食流通工作会议精神的情况，研究分析当前粮食流通工作面临的新形势和新挑战，安排部署下半年粮食流通重点工作。同时召开专题座谈会，听取“一带一路”18个重点省份粮食局和相关大中型粮食企业对贯彻落实中央“一带一路”战略的意见建议，对粮食行业贯彻落实中央“一带一路”战略作进一步安排。任正晓同志出席会议并讲话，邓亦武同志对粮食仓储物流设施和行业信息化建设作出专题部署。

6月21日，任正晓同志出席局中央专项巡视反馈问题整改落实推进会并讲话。赵中权同志通报《中共国家粮食局党组关于中央专项巡视反馈问题整改落实方案》。徐鸣、曾丽瑛、邓亦武同志出席。

6月23日，国家粮食局按照2016年全国食品安全宣传周活动的统一部署，在四川省成都市举办了“2016年全国食品安全宣传周·粮食质量安全宣传日”活动。国家粮食局局长任正晓、四川省人民政府负责同志出席活动并讲话。

6月30日，为应对高库存下的安全储粮压力，全面落实、层层压实粮油储存安全责任，确保粮油安全储存，国家粮食局印发《粮油储存安全责任暂行规定》。

七月

7月4日，国家粮食局印发《国家粮食局关于切实做好受灾地区夏粮收购工作的紧急通知》，严格执行国家政策性粮食收购政策，积极帮助受灾地区农民减轻灾害损失，切实保护种粮农民利益，防止农民发生“卖粮难”。

7月5日，国家粮食局召开会议，传达学习习近平总书记在庆祝中国共产党成立95周年大会上的重要讲话精神，研究部署深入学习贯彻的工作措施，传达学习中纪委有关通报，审议《国家粮食局关于加快推进粮食行业供给侧结构性改革的指导意见》。任正晓同志主持，徐鸣、曾丽瑛、赵中权、卢景波、邓亦武同志出席。

7月8日，国家粮食局在内蒙古通辽市召开东北地区粮食“去库存”和秋粮收储工作专题座谈会，分析东北地区秋粮生产、收购和市场形势，听取东北三省和内蒙古自治区粮食局关于加大粮食“去库存”力度、解决秋粮收储矛盾、引导企业开展市场化收购等方面的政策措施建议，提前部署秋粮收储准备工作。任正晓同志出席会议并讲话，卢景波同志主持会议。

7月12日，国家粮食局印发《国家粮食局关于加快推进粮食行业供给侧结构性改革的指导意见》。

7月13日，国家粮食局召开党员干部大会，会议深入学习贯彻习近平总书记在庆祝中国共产党成立95周年大会上的重要讲话，表彰全局优秀共产党员、优秀党务工作者和先进基层党组织；同时召开河北柏乡粮库先进事迹宣讲会。任正晓同志出席会议并讲话，徐鸣同志主持会议。

7月15日，国家粮食局印发《国家粮食局办公室关于做好今夏粮食行业安全度汛工作的紧急通知》，要求各级粮食行政管理部门和各类粮油仓储单位要切实采取有效措施预防和处置各种突发情况，尽职尽责做好夏季及汛期安全储粮和安全生产工作，确保粮食安全度夏度汛。

7月22日，国家粮食局召开局党组会议，传达学习贯彻《中共中央关于印发〈中国共产党问责条例〉的通知》和《中国共产党问责条例》。任正晓同志主持会议，徐鸣、曾丽瑛、赵中权、卢景波、邓亦武同志出席会议。

7月25日至28日，任正晓同志带领调研组赴浙江、安徽调研指导抗洪救灾、安全保粮、夏粮收购、粮食质量安全监管和G20峰会粮油供应保障等工作，与浙江、安徽两省有关领导同志就粮食工作交换了意见。同时，任正晓同志赴武警浙江省总队走访慰问，召开专题座谈会听取部队对军粮供应保障工作的意见建议。

7月29日，任正晓同志赴中央军委后勤保障部走访座谈，与部队共商推进军粮保障军民融合深度发展的意见措施。中央军委委员、军委后勤保障部部长赵克石上将会见了任正晓一行，军委后勤保障部副部长刘生杰中将与任正晓同志进行了工作座谈。军委后勤保障部军需能源局局长关节福少将、副局长翟振发少将和国家粮食局副局长卢景波一同参加了工作会见和座谈活动。

7月29日，国家粮食局印发《全国粮食行业法治宣传教育第七个五年规划（2016～2020年）》。

八月

8月24日至26日，亚太经合组织（APEC）粮食安全政策伙伴关系机制（PPFS）框架内的“APEC粮食标准互联互通研讨会”及“APEC小农和中小企业粮食减损技术、经验和有关行动高级别研讨会”会议在北京召开。曾丽瑛同志出席会议并作讲话，外交部中国APEC高官代表发言。来自澳大利亚、加拿大、中国、智利、日本、韩国、马来西亚、秘鲁、菲律宾、中国台湾地区、俄罗斯、美国、越南等13个APEC经济体和国际标准化组织（ISO）的代表参加了会议。

8月26日，为深化拓展中央巡视整改落实工作，增强对粮食供求、市场走势的宏观研判与掌控能力，学习借鉴中国科学院数学与系统科学研究院创新发展、服务“三农”的好作风、好经验，任正晓同志带领有关司室、直属单位负责同志赴中国科学院数学与系统科学研究院学习调研。

8月30日，部分省（区、市）国有粮食企业改革工作座谈会在宁夏银川召开，会议主要内容是总结交流各地国有粮食企业改革发展的做法经验，研究提出深化国有粮食企业改革的措施建议。卢景波同志主持会议并讲话。

九月

9 月 12 日，国家粮食局召开各司室、单位主要负责人会议，中央组织部有关负责同志宣布中央决定：邓亦武同志不再担任国家粮食局副局长。

9 月 13 日至 14 日，国家粮食局党组理论学习中心组组织第三季度集体学习，任正晓同志以《不忘初心、继续前进，不断取得“两学一做”学习教育新成效》为题，为全局党员干部讲专题党课。期间，局党组中心组全体成员到中国航天员科研训练中心进行考察调研。徐鸣、曾丽瑛、赵中权、卢景波同志出席。

9 月 14 日，经商国家工商总局同意，国家粮食局对《粮食收购资格审核管理暂行办法》进行了修订，印发了《粮食收购资格审核管理办法》。

9 月 19 日至 21 日、27 日至 29 日，国家粮食局分南北两个片区，先后在四川成都和河南郑州举办安全储粮和安全生产培训。徐鸣同志出席并讲话。

9 月 20 日，国家粮食局在吉林长春召开全国秋粮收购工作会议，学习贯彻秋粮收购政策，分析研判粮食供需形势和市场走势，安排部署秋粮收购工作。任正晓同志专门作出批示，对做好秋粮收购工作提出明确要求。卢景波同志主持会议并讲话。

9 月 27 日，曾丽瑛同志出席了在秘鲁皮乌拉召开的 APEC 第四届粮食安全部长级会议，并作了“加强互联互通，促进粮食有效供给”的发言。会议期间，曾丽瑛同志与秘鲁农业与灌溉部部长何塞・曼努埃尔・埃尔南德斯进行了会谈。

9 月 27 日，任正晓同志在北京会见联合国粮农组织驻中国代表马文森先生（Mr.Vincent Martin）一行。双方希望今后进一步加强合作关系，为保障中国粮食安全、促进世界粮食安全作出更大的贡献。

9 月 28 日，国家粮食局在北京召开全国粮食行业对口援藏工作会议，深入贯彻落实习近平总书记关于西藏工作的一系列重要讲话精神和中央第六次西藏工作座谈会决策部署，总结“十二五”期间全国粮食行业对口援藏工作，研究新形势下进一步加大支持西藏粮食流通事业发展的措施办法，安排部署“十三五”时期粮食行业对口援藏工作。任正晓同志出席会议并讲话。

9 月 30 日，国家粮食局修订完善《国家粮食流通统计制度》，报经国家统计局审核批准。

十月

10 月 10 日，卢景波同志会见了联合国世界粮食计划署驻中国新任代表屈四喜先生。双方就进一步拓展合作空间、加强在粮食产后减损、粮食信息交流、仓储管理、粮油科技等方面的合作达成共识。

10 月 11 日，国家粮食局召开各司室、单位主要负责人会议，中央组织部有关负责同志宣布中央决定：任正晓同志不再担任国家粮食局局长、党组书记，国家粮食局工作由徐鸣同志临时牵头。徐鸣、曾丽瑛、赵中权、卢景波同志出席。

10月13日，国家发展改革委、国家粮食局印发《粮食行业“十三五”发展规划纲要》。

10月14日至21日，为及时掌握玉米收储制度改革后东北地区玉米收购工作情况，国家粮食局派出3个工作组，赴黑龙江、吉林和内蒙古进行督导调研，深入了解玉米收储制度改革落地情况、玉米生产和收购情况，听取农户、企业、地方政府对改革政策落实中的意见建议。

10月16日，国家粮食局、农业部、教育部、科技部、中国气象局、全国妇联和联合国粮农组织、江苏省人民政府在南京联合主办第36个世界粮食日和第26个全国爱粮节粮宣传周主会场活动。徐鸣同志出席活动并讲话。

10月20日，为切实做好玉米收购工作，鼓励各类市场主体积极入市收购新粮，国家有关部门决定暂停国家政策性库存玉米销售，2017年5月玉米收购期结束后再适时研究安排玉米销售。

10月20日，国家粮食局印发《粮油安全储存守则》《粮库安全生产守则》，与《粮油储存安全责任暂行规定》共同形成粮食行业安全储粮和安全生产的责任制度与行为准则，并决定开展2016年全国秋季粮油安全大检查。

10月24日，曾丽瑛同志会见来访的乌拉圭牧农渔业部部长塔瓦雷·阿盖雷先生。双方交流了中乌两国粮食生产、供求、市场形势、贸易、科技、质量安全和可持续发展等方面的情况，表示将进一步推动在粮食科技、加工、质量安全和贸易等方面的交流与合作。

10月29日至11月2日，按照国务院部署，徐鸣、卢景波同志带领由国家粮食局、国家发展改革委、财政部、中国农业发展银行、中国储备粮管理总公司等部门和单位组成的督查组，赴黑龙江省开展玉米收储制度改革和收购工作督查。

十一月

11月4日，曾丽瑛同志会见了来访的加拿大农业及农业食品部部长劳伦斯·麦考利先生一行。曾丽瑛同志代表中国国家粮食局与加拿大谷物委员会签订《中华人民共和国国家粮食局与加拿大谷物委员会粮食领域合作谅解备忘录》。

11月6日至7日，全国粮食行业人才兴粮工作会议和第四届全国粮食行业职业技能竞赛在安徽合肥举行。徐鸣同志出席会议并讲话，曾丽瑛同志出席会议。

11月9日，国家粮食局召开局党组中心组第四季度集体学习会议，深入学习贯彻党的十八届六中全会精神。徐鸣同志主持，曾丽瑛、赵中权、卢景波同志出席。

11月11日，国家粮食局会同中国储备粮管理总公司召开“全国粮食行业安全储粮和安全生产视频会议”，对做好“两个安全”工作、切实守住粮食工作“底线”进行再动员、再部署。徐鸣、曾丽瑛、赵中权、中国储备粮管理总公司有关负责同志出席主场会议。

11月13日，徐鸣同志会见了来访的澳大利亚副总理助理部长卢克·哈苏伊克先生一行。双方就中澳两国在粮食领域的新情况、新变化交换了意见，并提出未来将进一步深化合作机制，在粮食政策、科技创新、信息交流等方面密切交流，实现双方在粮食领域的互利共赢。

11月29日，国家粮食局发布2016年第4号公告。为贯彻落实《国务院办公厅关于推广随机抽查规范事中事后监管的通知》（国办发〔2015〕58号）和全国推行“双随机一公开”监管工作电视电话会议精神，根据粮食流通法律法规规章制修订情况，国家粮食局修订完善了“国家粮食局随机抽查事项清单”。

十二月

12月7日，卢景波同志会见法国粮食出口协会主席让-皮埃尔·朗格瓦-拜特洛先生。双方就中法粮食市场发展趋势交换了意见，表示将在原有合作基础上进一步深化粮食信息领域交流与合作。

12月12日，“全国玉米市场化电子交易暨黑龙江省农民粮食购销专场”在黑龙江省哈尔滨市启动。这是国内第一个直接面向种粮农民的国家级粮食网上购销平台，是粮食行业利用“互联网+”推进粮食收储制度改革的一次有益尝试。徐鸣同志出席并讲话。

12月22日，国家粮食局召开党组会议，传达贯彻中央农村工作会议精神，认真学习习近平总书记对做好“三农”工作的重要指示、李克强总理的指示要求和汪洋副总理在中央农村工作会议上的讲话，研究部署贯彻落实的工作措施。

12月26日，国家粮食局印发《粮油加工业“十三五”发展规划》。

二 2016/2017年度国际粮油市场回顾

2016/17年度全球谷物产量首次超过26亿吨，创历史纪录，消费量增幅较小，库存达历史高点，供需状况继续宽松。根据联合国粮农组织5月数据，预计2016/17年度全球谷物产量26.09亿吨，同比增加7373万吨，增幅2.91%；全球谷物消费量25.69亿吨，同比增加5457万吨，增幅2.17%；全球谷物库存6.90亿吨，同比增加3030万吨，增幅4.59%。另据美国农业部数据，2016/17年度全球谷物产量25.79亿吨，同比增加12001万吨，增幅4.88%；消费量25.55亿吨，同比增加12257万吨，增幅5.04%；库存量6.28亿吨，同比增加2317万吨，增幅3.83%。2016/17年度全球油料产量5.63亿吨，同比增加4216万吨，增幅8.09%；消费量4.69亿吨，同比增加2310万吨，增幅5.18%；库存量9956万吨，同比增加930万吨，增幅10.30%。

一、小麦

全球小麦产量创历史最高纪录。根据美国农业部数据，2016/17年度全球小麦产量7.51亿吨，比上年增加1613万吨，增幅2.19%。本年度小麦播种面积除美国、加拿大和印度减少外，其他主产国小麦播种面积均较上年增加。预计本年度澳大利亚小麦产量3500万吨，创历史最高纪录，同比增加1083万吨，增幅44.82%。美国小麦播种面积虽然减少，但由于单产较好，小麦总产量仍达到 6286 万吨，同比增加 674 万吨，增幅 12.01%。俄罗斯小麦播种面积扩大，再加上生长季节天气情况良好，单产较上年显著增加，预计小麦产量 7253 万吨，同比增加 1149 万吨，增幅 18.81%。

消费量增加。预计 2016/17 年度全球小麦消费量 7.41 亿吨，同比增加 2977 万吨，增幅 4.19%。由于价格低迷，全球小麦饲用量大幅回升，预计本年度为 1.47 亿吨，同比增加 996 万吨，增幅 7.29%。小麦食用和工业消费量也维持增长态势，预计本年度食用、饲用和种用消费量 5.90 亿吨，同比增加 1815 万吨，增幅 3.17%。

贸易量增加。预计 2016/17 年度全球小麦进口量 1.76 亿吨，同比增加 619 万吨，增幅 3.64%；小麦出口量 1.81 亿吨，同比增加 786 万吨，增幅 4.55%。美国产量提升，出口供应能力提高，预计出口量 2790 万吨，同比增加 680 万吨，增幅 32.25%。澳大利亚小麦产量达历史最高点，出口能力大幅提升，预计其出口量 2500 万吨，同比增加 888 万吨，增幅高达 55.05%。

小麦库存增加。预计 2016/17 年度全球小麦库存量 2.52 亿吨，同比增加 1052 万吨，增幅 4.35%。澳大利亚、加拿大以及俄罗斯由于产量增加，库存增幅较大。预计澳大利亚期末库存量 783 万吨，同比增加 219 万吨，增幅 38.84%；俄罗斯为 1163 万吨，同比增加 603 万吨，增幅 107.64%；加拿大为 716 万吨，同比增加 199 万吨，增幅 38.39%。

2016 年国际小麦市场价格呈现较为明显的阶段式行情。上半年，美国农业部预计美国小麦种植面积将降至 1913 年以来的次低水平，市场出于对供应的担忧，小麦价格稳中上扬，并于 6 月初达到年中高点。下半年，随着美国、乌克兰、俄罗斯、加拿大小麦丰产，以及俄罗斯宣布取消小麦出口关税，市场供应充裕，小麦价格持续下滑，CBOT 小麦价格更是在 8 月底 9 月初创下近 10 年的新低。随后市场价格震荡回升，但总体仍处于低位。2016 年 12 月 30 日，芝加哥期货市场小麦主力合约价格为 408.75 美分 / 蒲式耳，比年初下跌了 50.5 美分 / 蒲式耳，降幅为 11%。

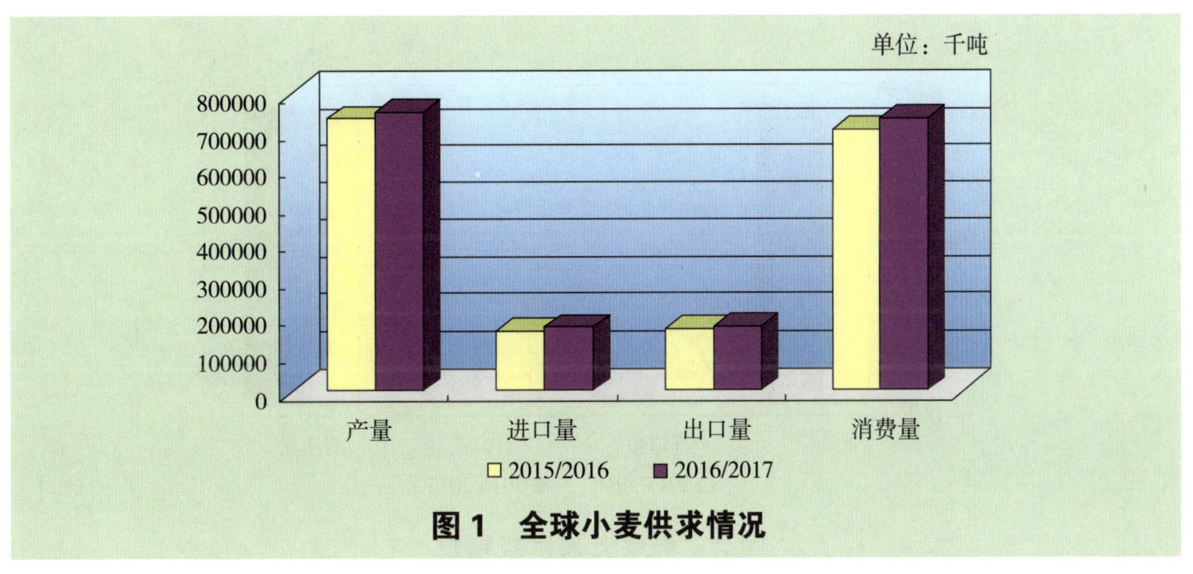

图 1 全球小麦供求情况

二、大米

根据美国农业部数据，2016/17 年度全球大米产量 4.81 亿吨，同比增加 889 万吨，增幅为 1.88%。大米产量近年来波动较小，2016/17 年度除中国以外其他主产国基本增产。预计 2016/17 年度印度产量 1.07 亿吨，同比增加 209 万吨，增幅 2.00%；泰国产量 1860 万吨，同比增加 280 万吨，增幅 17.72%；越南产量 2786 万吨，同比增加 28 万吨，增幅 1.00%；中国大米产量 1.45 亿吨，同比减少 92 万吨，减幅 0.63%。

大米消费量增加。预计 2016/17 年度全球大米消费量 4.79 亿吨，同比增加 815 万吨，增幅 1.73%。其中印度大米消费量 9700 万吨，同比增加 343 万吨，增幅 3.67%；菲律宾为 1290 万吨，同比减少 10 万吨，减幅 0.77%。

大米出口量增加。预计 2016/17 年度全球大米进口量 3770 万吨，同比减少 4 万吨，减幅 0.10%；全球大米出口量 4105 万吨，同比增加 68 万吨，增幅 1.69%。泰国与印度并列成为全球大米出口第一国。预计本年度泰国出口量 1000 万吨，同比增加 13 万吨，增幅 1.35%；印度出口量 1000 万吨，较上年减少 24 万吨，减幅 2.34%。中国进口量增加，继续位于全球大米进口量首位。

大米库存量增加。预计 2016/17 年度全球大米库存量 1.18 亿吨，同比增加 195 万吨，增幅 1.68%。

2016 年国际大米价格先扬后抑。上半年，在越南、泰国等主产国大米预期产量下降的情况下，大米出口价格进入上升通道。特别是泰国，经过近几年大力消化积压的库存，其国内大米库存已明显降低。但从 7 月份开始，亚洲和非洲买家需求疲软以及新季稻米即将收获上市，供应压力增加，市场价格开始从年中的高点回落。统计数据显示，2016 年末，泰国 5% 破碎率大米离岸价（FOB）（下同）为 358 美元 / 吨，与年初基本持平；越南同品质大米为 337 美元 / 吨，较年初下跌 38 美元 / 吨；巴基斯坦同品质大米为 355 美元 / 吨，较年初上涨 30 美元 / 吨。

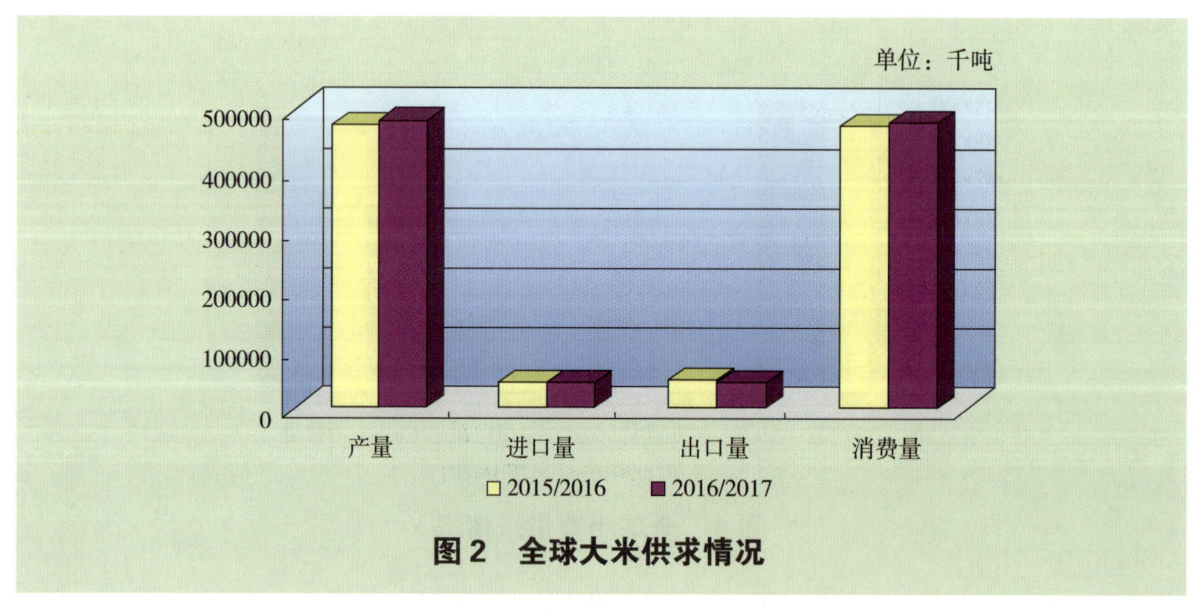

图 2 全球大米供求情况

三、玉米

全球玉米产量创历史新高。根据美国农业部数据,2016/17年度全球玉米产量10.54亿吨，同比增加9044万吨，增幅9.39%。美国大幅增产是全球产量增加的主要原因。预计本年度美国玉米产量3.85亿吨，同比增加3927万吨，增幅11.37%；欧盟产量6030万吨，同比增加189万吨，增幅3.23%。乌克兰产量2800万吨，同比增加467万吨，增幅20%；巴西产量9350万吨，同比增加2650万吨，增幅39.55%。

预计2016/17年度全球玉米进口量1.37亿吨，同比减少264万吨，下降1.89%；玉米出口量1.54亿吨，同比增加3439万吨，增幅28.65%。主产国玉米出口均出现增加，其中以美国、乌克兰和巴西的增幅最为明显：美国出口量5652万吨，同比增加832万吨，增幅17.25%；乌克兰出口量1870万吨，同比增加211万吨，增幅12.68%；巴西出口量3200万吨，同比增加1800万吨，增幅128.64%。

全球玉米消费量增加。预计2016/17年度全球玉米消费量10.25亿吨，同比增加4428万吨，增幅4.51%。饲用消费数量多，增幅大，预计饲用消费量6.31亿吨，同比增加3126万吨，增幅5.21%。其中美国从上年度的1.30亿吨增加到本年度的1.40亿吨，同比增加966万吨，增幅7.42%。全球玉米食用与工业消费量也有所增加，预计本年度3.95亿吨，同比增加1302万吨，增幅3.41%。

全球玉米库存大幅回升。预计2016/17年度全球玉米库存2.23亿吨，为近16年以来最高水平，同比增加1114万吨，增幅5.26%。本年度美国玉米库存量提升尤为明显，预计期末库存量5893万吨，同比增加1481万吨，增幅33.57%。预计巴西玉米期末库存量857万吨，同比增加180万吨，增幅26.59%。

2016年国际玉米价格年内波动幅度较大。6月中下旬以前，受原油价格反弹提振、美国

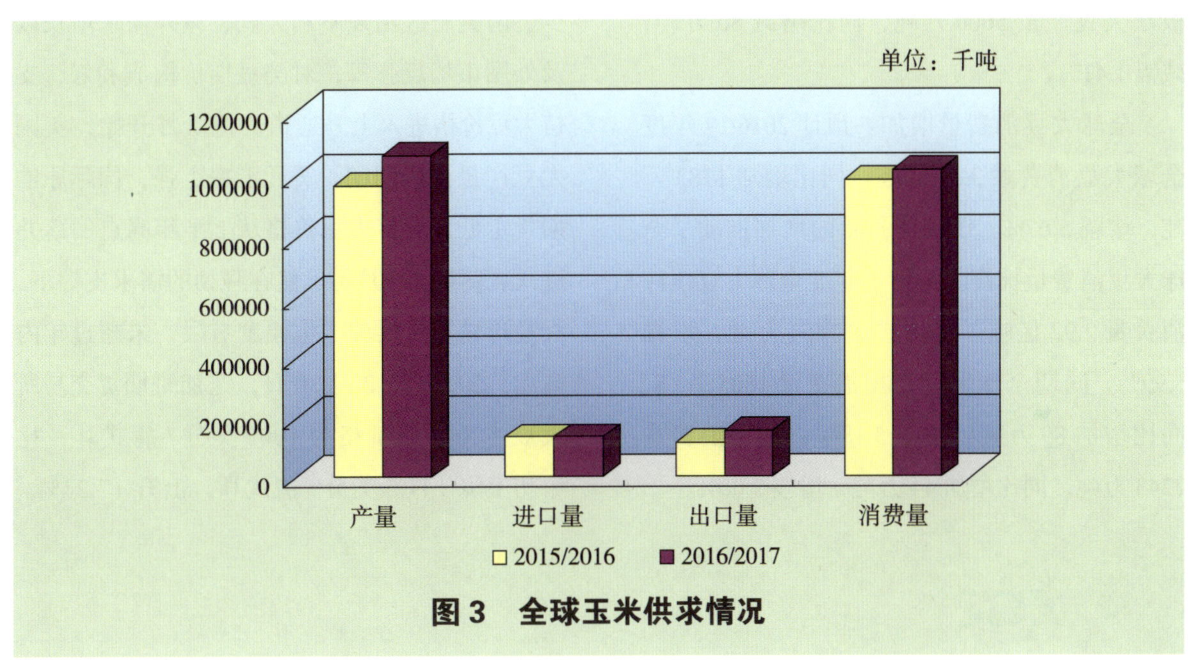

图3　全球玉米供求情况

玉米播种面积低于市场预期以及南美不利天气的影响，玉米价格呈现震荡上行的态势。7月开始，随着美国玉米产区玉米气候条件转好，产量增产预期逐渐明朗，玉米价格快速下滑，并于8月底跌至多年来的低点。9月以后玉米价格虽震荡回升，但幅度较小。2016年12月30日，芝加哥期货市场玉米主力合约价格为351美分/蒲式耳，比年初下跌1美分/蒲式耳。虽然年度价格变化不明显，但年内波动幅度达124.5美分/蒲式耳。

四、大豆

大豆产量创历史最高水平。根据美国农业部数据，2016/17年度全球大豆产量3.46亿吨，同比增加3294万吨，增幅10.52%。巴西和美国产量大幅提升使得全球大豆供应充足。预计美国大豆产量将达创纪录的1.17亿吨，同比增加1035万吨，增幅9.69%；巴西大豆产量1.11亿吨，同比增加1450万吨，增幅15.03%；阿根廷大豆产量5600万吨，同比略减80万吨，减幅1.41%。

全球大豆消费量增加。预计2016/17年度全球大豆消费量3.32亿吨，同比增加1783万吨，增幅5.67%。压榨消费量的增加推动了全球大豆消费量提高。预计本年度全球大豆压榨消费量2.92亿吨，同比增加1651万吨，增幅5.99%。同期全球大豆食用消费量1805万吨，同比增加89万吨，增幅5.18%；饲用消费量2243万吨，同比增加44万吨，增幅2.00%。

大豆贸易量增加。预计2016/17年度全球大豆进口量1.40亿吨，同比增加665万吨，增幅4.98%。中国需求旺盛，大豆进口量预计将达到8800万吨，同比增加477万吨，增幅5.73%。全球大豆出口量1.43亿吨，同比增加1107万吨，增幅8.37%。随着主产国大豆增产，市场供应量也相应提高。预计本年度美国大豆出口量5511万吨，同比增加242万吨，增幅4.60%；巴西大豆出口量6190万吨，同比增加752万吨，增幅13.82%。

大豆库存量增加。预计2016/17年度全球大豆库存量8741万吨，同比增加1029万吨，增幅13.34%。美国大豆期末库存量急剧增加，预计将高达1212万吨，同比增加677万吨，增幅高达126.54%；巴西库存量2260万吨，同比增加455万吨，增幅25.21%；阿根廷库存量3040万吨，同比减少155万吨，减幅4.85%。

2016年上半年，美国大豆播种面积预期减少、南美产区出现不利天气、海外需求增长以及外围市场反弹等，对美豆期价构成利好，支持大豆价格进入上升通道。但7月开始，美国大豆产量前景明朗，美元汇率走强，国际原油期货走低，使得大豆价格从上半年高点回落并进入震荡期。11月份虽然在强劲的需求支撑下，大豆价格有所反弹，但幅度有限，未超过年内高点。2016年12月30日，芝加哥期货交易所大豆主力合约价格为1005美分/蒲式耳，比年初上涨147.5美分/蒲式耳，上升17.21%。

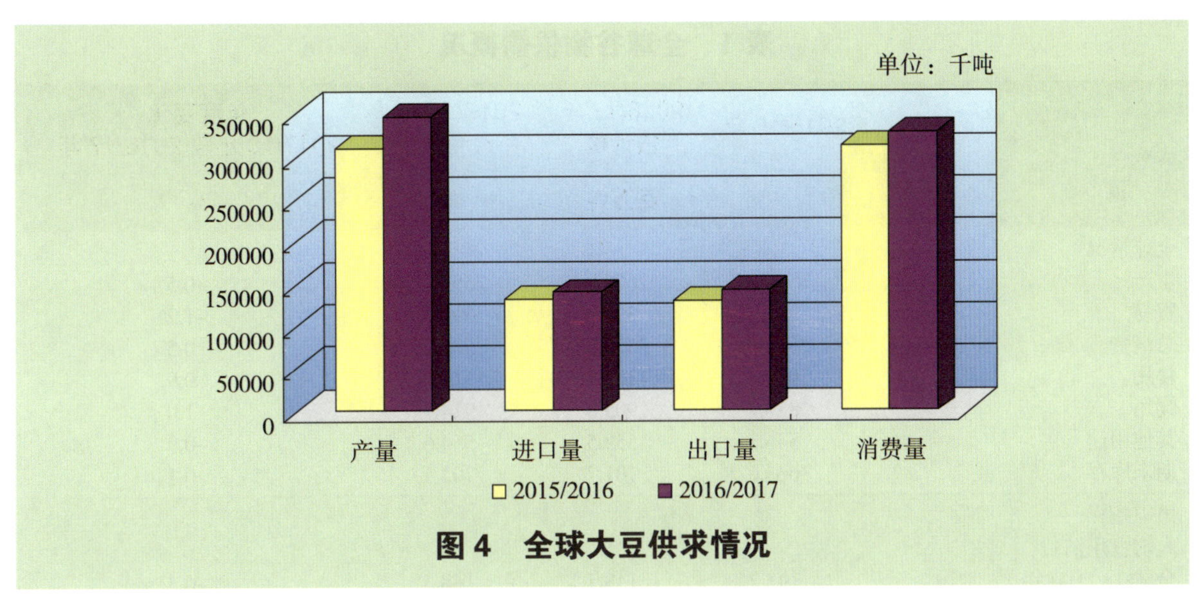

图 4 全球大豆供求情况

三 联合国粮农组织（FAO）2016 年全球粮食形势展望

联合国粮农组织（Food and Agriculture Organization，以下简称“FAO”）于 2017 年 6 月发布了最新全球粮食展望报告。报告对 2017/18 年度的全球谷物供需情况表示乐观。

FAO 预测，2017 年全球谷物产量将达 25.94 亿吨，同比减少 1410 万吨，下降 0.5%。减产的主要原因是全球小麦产量预计下降 2.2%，大麦和高粱产量也将有所下降。这几种作物的减产将抵消玉米 1.4%、稻谷 0.7% 的增产。

全球谷物 2017/18 年度消费量预计将达到 25.84 亿吨，比 2016/17 年度增加 1300 万吨，增幅 0.5%。其中小麦消费量预计将比 2016/17 年度减少 0.4%，粗粮和稻谷的消费量则预计分别增长 0.8% 和 1.2%。

2018 年期末全球谷物库存预计为 7.03 亿吨，比 2017 年的历史最高水平有大幅上涨。小麦库存将比上一年度有所增加，而粗粮的结转库存很有可能下降，稻谷的结转库存预计将维持上年水平。

2017/18 年度全球谷物贸易量预计为 3.91 亿吨，将下降大约 500 万吨，减幅 1.2%，这将是 4 年来的首次下降。主要原因是对小麦、玉米和高粱的进口需求预期有所下调。

表 1　全球谷物供需概况

	2015/16 年	2016/17 年 估计值	2017/18 年 预测值	年度变化 2017/18 年较 2016/17 年
	百万吨			%
全球情况				
生产	2534.3	2607.9	2593.7	–0.5
贸易	393.3	395.9	391.0	–1.2
总消费	2512.3	2570.5	2584.2	0.5
食用	1089.4	1105.1	1114.9	0.9
饲用	886.7	905.8	914.7	1.0
其他用途	536.3	559.5	554.6	–0.9
期末库存	663.6	701.7	702.5	0.1
供需指标				
人均食用消费：				
全球（公斤 / 年）	148.2	148.7	148.3	–0.3
低收入缺粮国家（公斤 / 年）	145.9	146.9	146.0	–0.6
全球库存消费比（%）	25.8	27.2	26.3	
主要出口国库存消耗比（%）	15.8	17.5	16.6	
FAO 谷物价格指数（2002~2004=100）	2015 年	2016 年	2017 年 1~5 月	变化 2017 年 1~5 月较 2016 年 1~5 月 %
	162	147	148	0.6

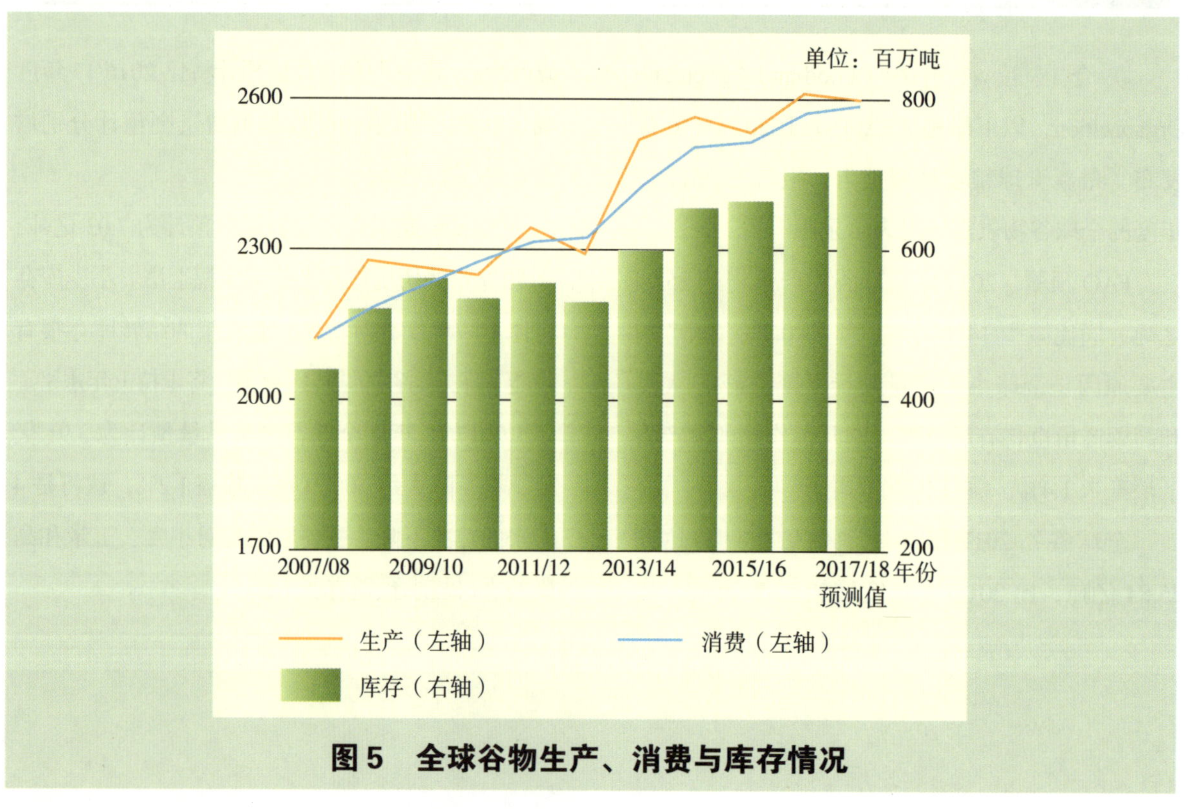

图 5　全球谷物生产、消费与库存情况

（一）小麦

全球小麦产量预计将低于上一年的历史最高位。但是，由于大量结转库存，2017/18 年度全球小麦市场供应还比较充裕。FAO 预测 2017 年小麦产量为 7.43 亿吨，比 2016 年下降 2.2%。主要原因是北美、俄罗斯和澳大利亚小麦减产。与此同时，欧盟和北非预计小麦增产，将在一定程度上遏制全球小麦减产的势头。

2017/18 年全球小麦贸易量预计为 1.71 亿吨，比 2016/17 年度减少 300 万吨，下降 1.7%。主要原因是亚洲和非洲预计将减少进口量，全球进口需求有所下降，将导致几个大的出口国之间的竞争更加激烈。预计欧盟将成为最大的小麦出口地区，其后是俄罗斯。

全球小麦产量下降，加之粗粮供应量增加，2017/18 年度全球小麦消费量有可能因此下降。根据 FAO 最新预测，到 2018 年期末，全球小麦库存将达到 2.57 亿吨的历史最高位，比期初库存高出 1000 万吨，增幅 4%。但是，如果不计算中国的库存，全球其余地区小麦库存到 2018 年期末预计将达到 1.49 亿吨，比期初库存低 5%。2017/18 年度，小麦将维持充足供应，使得国际小麦价格持续低迷。

表 2　全球小麦供需概况

	2015/16 年	2016/17 年 估计值	2017/18 年 预测值	年度变化 2017/18 年较 2016/17 年
	百万吨			%
全球情况				
生产	735.7	760.1	743.2	–2.2
贸易	166.7	174.0	171.0	–1.7
总消费	711.1	731.3	728.3	–0.4
食用	491.6	496.8	501.0	0.8
饲用	134.5	136.0	133.7	–1.7
其他用途	85.0	98.4	93.7	–4.9
期末库存	223.8	247.5	257.4	4.0
供需指标				
人均食用消费：				
全球（公斤 / 年）	66.9	66.8	66.7	0.0
低收入缺粮国家（公斤 / 年）	53.0	52.9	52.6	–0.2
全球库存消费比（%）	30.6	34.0	34.2	
主要出口国库存消耗比（%）	16.7	20.1	18.5	
FAO 小麦价格指数 （2002~2004=100）	2015 年	2016 年	2017 年 1~5 月	变化 2017 年 1~5 月较 2016 年 1~5 月 %
	144	125	126	–0.4

1. 小麦生产

FAO预计2017年小麦产量为7.43亿吨，比2016年下降2.2%。主要原因是北美、俄罗斯和澳大利亚小麦减产。

北美小麦总产量预计比2016年减少4950万吨，下降21%。主要原因是冬小麦种植面积大幅减少。加拿大的小麦产量预计2950万吨，比上年下降7%。原因是单产从2016年的高点有所回落，种植面积小幅减少。虽然春小麦种植稍有增加，但无法抵消硬质小麦（杜伦麦）种植减少的影响。

欧洲小麦产量总体预计略有上升，达到1.52亿吨，比上年增加750万吨，增幅5.2%。俄罗斯由于单产回归平均水平，以及春小麦播种面积略有下调，小麦产量预计将比2016年的最高纪录下降5.9%，约6900万吨。乌克兰由于种植面积减少，2017年产量将下降4%。

在亚洲，2017年小麦收割在即，有望增产，主要的增长来自印度。印度政府的小麦收购价格刺激了种植面积的扩大，加之总体风调雨顺，产量预计将达到9740万吨，比上年增长5.6%。最大的小麦种植国中国的产量不会发生较大变化，基本维持在比上年稍高一点的1.292亿吨水平。巴基斯坦小麦产量预计2510万吨，下降1.5%。土耳其预计收获小麦2100万吨，比上年增加1.9%。

北非小麦收割在即，产量将比受干旱影响的2016年有较大回升。摩洛哥回升幅度最大，预计小麦产量将达到700万吨，比2016年翻一番。

澳大利亚2017年小麦收割将从8月份开始，预计澳大利亚2017年小麦产量仅为2400万吨，下跌32%，主要原因是单产从2016年的高位回归到常年水平。

阿根廷小麦价格居高不下，加之货币贬值，预计小麦种植面积扩大，至少不低于2016年的种植面积，因此其产量也将有所上升，约1890万吨。在中美洲和加勒比海地区，主要小麦生产国墨西哥的产量将接近上年的高位。

2. 小麦消费

全球小麦产量下降加之粗粮供应充足，预计2017/18年度全球小麦消费量7.28亿吨，比上年度减少300万吨，下降0.4%，比10年来年平均消费量下降2%。主要原因是由于玉米供应充足，导致饲用小麦消费减少。2017/18年度饲用小麦消费量预计为1.34亿吨，比上年度减少240万吨，下降1.7%。这是饲用小麦消费连续三年下降，主要下降来自欧盟、北美和泰国等一些亚洲国家。

2017/18年度小麦食用消费量预计达到5.01亿吨，比上年度增长0.8%，世界人均小麦食用消费量预计达到66.7公斤。

3. 小麦库存

FAO预测，全球小麦库存到2018年期末将达到2.57亿吨的历史最高，比期初库存增加1000万吨，增幅4%。主要原因是对中国的期末库存预期被调高到了1.08亿吨，比期初库存增加了1700万吨，增幅19%。

除去中国的库存，全球其他地区库存预计在2018年期末将达到1.49亿吨，比期初库存低5%。主要由于美国、澳大利亚以及巴西、埃及、巴基斯坦等国的库存下降。全球小麦库存消费比在2017/18年度预计为34.2，比2016/17年度略有上升。而主要小麦出口国期

末库存 - 消耗（国内消费量加上出口量），这一更能准确反映全球供求关系的指标，则下降至 18.5%，低于 2016/17 年度的 20.1%，但仍高于近五年的平均值。

4. 小麦贸易

FAO 预测，全球小麦贸易量（含面粉折算小麦）在 2017/18 年度将达到 1.71 亿吨，比上年度减少 300 万吨，减幅 1.7%。主要是因为亚洲和非洲的进口预期有所下降。

2017/18 年度亚洲小麦进口量预计为 8620 万吨，比上年度下降 1%。同比下降最多的是印度，主要是因为 3 月份开始实施的 10% 的进口税使印度进口小麦放缓。加上国内价格走低和丰收在望，预计印度小麦进口量将从上年度的 500 万吨跌落至本年度的 300 万吨，下降 40%。泰国小麦进口量预计为 300 万吨，比上年减少 80 万吨。主要由于泰国为鼓励玉米消费，出台了限制饲用小麦进口的政策。由于国内对高品质小麦的需求较为旺盛，其他许多亚洲国家的小麦进口预计与上年度持平或略有增长。

非洲 2017/18 年度小麦进口量预计为 4900 万吨，比上年度下降 3.1%。主要原因是摩洛哥国内增产，进口量预计将下降 28%，跌至 400 万吨。全球最大小麦进口国埃及本年度的进口量预计在 1200 万吨左右，与上年度持平。非洲第二大小麦进口国阿尔及利亚将进口 830 万吨，比上年度略低。非洲第三大小麦进口国尼日利亚预计进口 460 万吨。

拉丁美洲和加勒比海地区 2017/18 年度总的小麦进口量预计为 2280 万吨，比上年度略有下降。尽管出现小麦减产，但是巴西作为这一区域最大的小麦进口国，预计仍将减少大约 9% 的进口（进口量约为 620 万吨），主要由于疲软的货币和大量的结转库存。该地区第二大小麦进口国墨西哥，由于对高品质的制粉小麦和低筋小麦有较大的需求，因此本年度的进口量将基本与上年度持平，达到 500 万吨。

欧洲 2017/18 年度小麦进口预计达到 8300 万吨，几乎维持上年度水平，欧盟国家仍为最大的进口地区，约 5300 万吨。由于对硬质小麦（杜伦麦）的需求较大，本年度欧盟地区尽管小麦有望增产，但预计仍将维持上年度的进口水平。

出口方面，2017/18 年度几个主要出口国的减产可能造成小麦出货量减少。预计美国小麦出口下降 9.7%，澳大利亚下降 12%，乌克兰下降 8%，哈萨克斯坦下降 6.7%。不过，其他大部分出口国仍有望增加出口量。欧盟产量 2017/18 年度有望强力复苏，小麦出口预计增加 400 万吨，增长 15.6%，出口将达到 3000 万吨，将成为全球最大小麦出口地区。其后是俄罗斯，预计出口 2870 万吨，比上年度增加 1200 万吨，增长 4.4%。阿根廷和加拿大预计也将出现出口增长。

2017/18 年度，全球总体进口需求将有所下降，加之市场外部因素，如汇率波动的影响，小麦出口国之间的竞争将愈发激烈。

5. 小麦价格

2017 年 1 月份，由于担心美国和欧盟的不利天气，以及美国冬小麦种植面积可能减少，小麦价格曾一度被推高至 7 个月以来的最高点。然而，随着全球供应总体维持宽松，加之阿根廷和澳大利亚小麦收成大大高出预期，小麦价格又继续下行趋势。2017 年 5 月份美国 2

号硬红冬麦的离岸基准价平均达到每吨200美元，比上年同期略有下降。

（二）粮粮

2017/18年度全球粗粮供应将持续宽松。FAO预测，2017年粗粮产量将达13.48亿吨，与上年度的历史最高产量几乎持平。2017/18年度的粗粮贸易将有所下降，玉米和高粱贸易量减少，大麦贸易量将略有上升。2017/18年度粗粮消费量将达到13.5亿吨的历史最高，比上年度增长0.8%。全球粗粮库存到2018年期末预计为2.75亿吨，比本年度期初库存减少900万吨，下降3%，主要原因是中国库存的减少。

表3 全球粗粮供需概况

	2015/16年	2016/17年 估计值	2017/18年 预测值	年度变化 2017/18年较2016/17年
	百万吨			%
全球情况				
生产	1307.0	1348.4	1347.9	0.0
贸易	185.0	178.2	175.8	-1.3
总消费	1306.0	1339.3	1350.0	0.8
食用	201.2	206.6	207.5	0.5
饲用	734.0	751.6	763.1	1.5
其他用途	370.8	381.1	379.3	-0.4
期末库存	268.1	283.3	274.5	-3.1
供需指标				
人均食用消费：				
全球（公斤/年）	27.4	27.8	27.6	-0.7
低收入缺粮国家（公斤/年）	37.8	38.8	38.1	-1.8
全球库存消费比（%）	20.0	21.0	19.7	
主要出口国库存消耗比（%）	11.6	13.7	14.3	
FAO粗粮价格指数 （2002~2004=100）	2015年	2016年	2017年 1~5月	变化 2017年1~5月较2016年1~5月 %
	161	151	151	-2.2

1. 粗粮生产

FAO预测，2017年全球粗粮产量将达13.48亿吨，与上年基本持平。主要是南美和非洲南部地区玉米产量有望回升，抵消全球大麦产量下降带来的影响。

2017年全球玉米产量预计为10.54亿吨，比上年增长1.4%，增产1460万吨。主要原因是南美和非洲南部玉米将大获丰收。

最大的玉米生产国美国本年度将缩减玉米种植面积，部分农民为提高收益而改种大豆。

预计美国玉米产量约 3.57 亿吨，下降 7.1%。加拿大由于种植面积扩大，玉米产量预计上升 10%，达到 1450 万吨的历史最高纪录。

欧洲近期天气利好，玉米单产有望提高，种植面积扩大。因此欧洲玉米产量预计达到 6500 万吨，上升 6.6%。而俄罗斯玉米产量预计为 1450 万吨，下跌 5.1%。乌克兰产量将达到 2670 万吨，下降 4.8%，主要原因是单产下降。

在亚洲，中国 2017 年预计收获超过 2.12 亿吨玉米，比上年下降 3.3%。主要原因是政府取消了玉米临储政策，并调减了种植面积。印度玉米收割从 8 月开始，产量预计维持在上年 2600 万吨的水平。其他亚洲国家的产量也将基本维持上年水平。

南半球的玉米收割在即。在南美洲，巴西的玉米产量将从受干旱影响的 2016 年恢复，预计达到 9350 万吨，增长 48%。原因是第一季和第二季的单产均有提高，而且种植面积也扩大了。阿根廷的玉米产量预计达到 4650 万吨，同比增长 17%。高价位和好天气刺激了种植面积扩大，雨水充足也将进一步提高单产。

南非在 2016 年因为干旱玉米产量大幅下滑，2017 年有望反弹，至历史最高位 1640 万吨，接近翻一番。马拉维、赞比亚和津巴布韦由于利好天气，都有望增产。

2017 年全球大麦产量预计为 1.423 亿吨，比 2016 年的高产量减少 630 万吨，下降 4.2%。主要原因是澳大利亚和乌克兰减产，同时加拿大和美国种植面积减少。虽然摩洛哥由于天气好单产提高，大麦产量强劲反弹，但仍无法抵消上述国家减产的数量。

2017 年全球高粱产量预计降至 5900 万吨，减少 450 万吨，同比下降 7.1%。主要原因是美国受价格影响种植面积减少，从而将减产 380 万吨，产量下降 31%。亚洲和南美高粱产量预计将出现小幅增长。

2. 粗粮消费

2017/18 年度全球粗粮消费量将达到历史最高的 13.5 亿吨，比上年度的估计值增加 1100 万吨，增长 0.8%。主要由于饲用和工业用消费量的增加。

2017/18 年度，全球粗粮食用消费量预计将达 2.08 亿吨，比上年度增长 0.5%。主要增长来自非洲，粗粮食用消费量预计达到 9000 万吨，亚洲预计 6300 万吨。

2017/18 年度饲用粗粮消费预计达到 7.63 亿吨，比 2016/17 年度的估计值增长 1.5%。中国将继续保持饲用粗粮消费的增长势头，在本年度将达到 1.52 亿吨，增长 1.5%。玉米供应充足、价格下行，中国饲用玉米消费有望增长 2%，达到 1.43 亿吨。欧盟的饲用粗粮消费将大幅增长 5%，达到 1.23 亿吨；其中玉米饲用消费量预计为 5700 万吨，比上年度增长 6.5%。阿根廷和巴西玉米丰收，饲用消费增长。墨西哥将因增产而出现饲用玉米消费增长。而美国由于玉米产量大幅下降，粗粮饲用消费将降至 1.42 亿吨，降幅 3%。

2017/18 年度，全球粗粮工业消费量预计增长 1%，至 3.25 亿吨；玉米工业消费量将达 2.82 亿吨，占粗粮工业消费总量的 87%。美国农业部近期预测，本年度美国将有 1.4 亿吨玉米用于生产乙醇燃料，比上年度的估计值上升 0.9%。主要原因是国内对乙醇燃料的需求以及出口的较大预期。本年度，全球用于生产淀粉的粗粮（玉米为主）消费预计将增长 1.5%，达到 1.11 亿吨。中国淀粉原料粗粮（玉米为主）消费预计增长 2%。中国的玉米去库存政策将刺激玉米淀粉的产量，有望达到 5000 万吨的历史新高；美国预计生产 2900 万吨玉米淀粉。

3. 粗粮库存

基于对 2017 年粗粮产量以及 2017/18 年度粗粮消费量的预测，全球粗粮库存到 2018 年期末将达到 2.75 亿吨，比期初库存增加 900 万吨，上升 3%。全球玉米库存预计达到 2.2 亿吨，比期初库存下降 3.6%。大麦和高粱的期末库存预计分别为 3100 万吨和 900 万吨，基本保持稳定。

亚洲的粗粮储备为全球之首，预计 2018 年粗粮期末库存将达 1.1125 亿吨。其中中国的粗粮库存仍将维持在 8400 万吨的高位，虽比期初减少 1940 万吨，下降 19%，但仍占亚洲粗粮库存的 75%、全球库存的 31%。中国的粗粮库存主要是玉米（8000 万吨）。2016 年 3 月，中国政府取消了玉米临储政策，玉米种植面积调减，这是中国粗粮库存大幅下降的主要原因。

全球粗粮库存消费比 2016/17 年度是 21%，本年度下降为 4 年来的最低值 19.7%。尽管如此，仍大大高于 2003/04 年度的最低值 15.4%。如果不把中国计算在内，全球其余地区的粗粮库存将出现上升，库存－消费比也将在 2018 年期末略微上升至 16.7%。到 2018 年期末，主要出口国库存－消耗（国内消费加上出口）比预计达到 14.3%，高于 2016/17 年度的 13.7%。主要由于阿根廷、加拿大、巴西和欧盟的高库存大大抵消了美国的粗粮库存下降。粗粮库存增长最大的国家是巴西，玉米丰产将带来库存超过两倍的增长，达到 1150 万吨。

4. 粗粮贸易

FAO 预测，2017/18 年度全球粗粮贸易量为 1.76 亿吨，同比下降 1.3%。玉米和高粱贸易量均出现下降，大麦贸易量上升。包括燕麦、黑麦和小米在内的其他粗粮贸易量将基本维持 2016/17 年水平。

2017/18 年度全球玉米贸易量预计为 1.37 亿吨，下降 1%，减少 150 万吨。非洲南部和南美的降幅最大，亚洲略有增长。非洲玉米产量复苏，南非粗粮进口将下降 240 万吨。在南美，预计巴西的玉米进口量下降最多（220 万吨）。亚洲玉米进口预计增长 3.6%，达到 6680 万吨。2017/18 年度，尽管产量下降，中国的玉米供应仍较宽松，将维持在 150 万吨左右的进口量，与上年相当。

2017/18 年度全球大麦（包括麦芽）贸易量将达 2700 万吨，比上年度增长 2.7%。亚洲仍是全球最大的大麦市场。沙特是全球最大大麦进口国，本年度将进口 1100 万吨，比上年度增加 50 万吨。中国进口量预计增加到 500 万吨。非洲的大麦进口将出现小幅萎缩，主要因为摩洛哥和突尼斯的大麦产量回升。

2017/18 年度，全球高粱贸易量预计为 700 万吨，比上年度减少 150 万吨，下降 18%。亚洲进口量将从上年度的 620 万吨下降至 480 万吨。中国自从 2013/14 年以来就是全球最大的高粱进口国，今年由于国内饲用替代品供应充足，高粱进口大约 390 万吨，比上年度减少 120 万吨。

由于 2017/18 年度全球粗粮进口需求略有下滑，加之出口供应（尤其是南美的玉米）充足，预计相当一部分出口国会出现市场萎缩。

其中，美国由于减产，粗粮出口量预计减少1100万吨，下降17.6%。阿根廷、澳大利亚和乌克兰的粗粮出口也将减少，减幅大大超过巴西、加拿大、南非、欧盟和俄罗斯的总体出口增幅。本年度巴西粗粮出口量将增长61%（900万吨），是所有出口国中增长最多的。其原因除了增产，还有货币预期疲软带来的出口竞争力。

5. 粗粮价格

充足的供应和出口国之间的激烈竞争将继续抑制玉米出口价格。国际玉米价格在2017年初时有过短暂的上涨，到3月即开始下滑，主要原因是南美玉米产量前景乐观。美国玉米产量的下降预期和乙醇燃料的旺盛需求，对美国玉米的出口价格具有支持作用。汇率市场的变化，尤其是巴西雷亚尔的贬值，一方面推动了巴西玉米出口，另一方面也加剧了国际玉米价格的下行趋势。5月份，美国2号黄玉米的离岸价接近每吨158美元，比上年同期下跌6%。阿根廷和巴西玉米价格跌幅更大，达到15%。全球大麦和高粱价格也普遍低于上年。

尽管全球粗粮库存预计减少，但充足的出口供应对期货造成压力。芝加哥交易所2017年12月交割的玉米期货价格5月份平均为每吨151美元，较上年下跌3%。

三、稻米

FAO预测，2017/18年度全球稻米产量将比2016年增长0.7%，达到5.026亿吨。政府对稻米产业的补贴将刺激亚洲和西非稻米增产。在连续两年下滑后，全球稻米贸易量在2017年将出现5%的增长，原因是主要亚洲进口国通过增加进口来平抑国内通胀压力并更新储备。2017/18年度全球稻米消费量预计与产量持平，因而稻米库存也将维持期初水平。受印度和泰国货币升值、进口需求复苏的影响，全球稻米价格自2017年1月起开始稳步回升。

表4　全球稻米供需概况

	2015/16年	2016/17年 估计值	2017/18年 预测值	年度变化 2017/18年较2016/17年
	百万吨			%
全球情况				
生产	491.7	499.3	502.6	0.7
贸易	41.6	43.6	44.2	1.3
总消费	495.3	499.9	505.7	1.2
食用	396.7	401.8	406.5	1.1
期末库存	171.3	170.9	170.5	-0.2
供需指标				
人均食用消费：				
全球（公斤/年）	54.0	54.1	54.1	0.0
低收入缺粮国家（公斤/年）	55.2	55.2	55.2	0.0
全球库存消费比（%）	34.3	33.8	33.2	
主要出口国库存消耗比（%）	19.2	18.6	16.9	

续表

	2015/16 年	2016/17 年 估计值	2017/18 年 预测值	年度变化 2017/18 年较 2016/17 年
	百万吨			%
FAO 粗粮价格指数 （2002~2004=100）	2015 年	2016 年	2017 年 1~5 月	变化 2017 年 1~5 月较 2016 年 1~5 月 %
	211	194	196	–0.4

1. 稻米生产

FAO 预测，2017 年全球稻米产量将达到 5.026 吨，增产 330 万吨，仅比 2016 年提高 0.7%。稻农种植收益欠佳使种植面积扩大有所放缓。与此同时，几个主要的亚洲和非洲稻米生产国都遭遇了不利天气，气候条件的不确定性在未来几个月还将持续。

2017 年亚洲预计将产出 4.544 亿吨稻米，比 2016 年高出 0.6%。主要的增产来自印度和印度尼西亚，其稻米产业都得到政府大力补贴。印度政府逐步提高最低托市价格，并出台措施提高生产率，有利于刺激印度稻米产量的增长。印度尼西亚今年的稻米产量有望达到 4660 万吨，提高 2%。该国加大灌溉基础设施投资，并扩大了稻米种植面积。

尽管今年政府的稻米最低收购价较上年降低，得益于单产的提高，中国（大陆）仍将实现 0.4% 的稻米增产，产量预计达 1.423 亿吨。老挝、马来西亚、缅甸、尼泊尔、巴基斯坦、菲律宾、泰国和土耳其的稻米产量也有望增加。巴基斯坦、越南在 2016 年由于降水过量导致稻米产量减少，2017 年将稍有回升。预计柬埔寨和韩国稻米将减产，本年度减产最大的国家是斯里兰卡，从 2016 年延续至今的干旱将使得稻米产量下降 38%，产量达到 13 年以来的最低点 190 万吨。

非洲国家预计将收获 2000 万吨稻米，比 2016 年提高 0.6%。埃及预计减产，原因是棉花价格突涨，不少稻农改种棉花。由于降水少，马达加斯加和坦桑尼亚稻米也将减产。其他一些非洲国家，如马拉维、莫桑比克、乌干达、赞比亚、加纳、塞内加尔、塞拉利昂和尼日利亚，稻米产量有望回升。

2017 年，拉丁美洲和加勒比海地区的稻米产量预计达到 1870 万吨，比受到厄尔尼诺现象影响的 2016 年产量提高 5%。大部分南美国家在 2017 年都有较好的收成。虽然种植成本偏高挤压着利润空间，造成稻米种植面积连续四个作物季下降。但由于有利天气使得单产提高，圭亚那、巴拉圭、乌拉圭，尤其是巴西等南美国家预计都将实现稻米增产。这将大大冲抵玻利维亚、哥伦比亚、秘鲁和智利等国由于价格、洪水和缺乏灌溉等因素造成的减产。

2017 年欧盟的稻米产量预计下降至 180 万吨，因为 FAO 预测粳稻价格较低会影响种植面积。美国农业部最新数据预测美国稻米产量将出现 10% 的下降，达到 640 万吨。其原因是稻米价格低，部分农民将改种大豆。

2. 稻米消费

2017/18 年度，全球稻米消费预计增长 1.2%，达到 5.057 亿吨。食用消费将增加 460 万吨，达到 4.065 亿吨，人均稻米消费量预计在 54.1 公斤左右。亚洲人口增长、非洲饮食结构向大米转变是食用大米消费增加的主要原因。拉丁美洲、加勒比海地区和大洋洲的稻米丰收，欧洲稻米进口增加也促进了稻米的食用消费。

稻米的饲用消费以往占到稻米消费总量的 4%，今年预计下降到 2%。饲用稻米消费量预计为 1770 万吨。主要原因是孟加拉国稻米供应短缺，以及中国（大陆）有更便宜的饲料替代产品。韩国的饲用稻米消费略有下降。泰国释放了大量政府储备的稻米进入饲料和工业领域，带动饲用稻米消费量增长，但也无法对冲上述国家的减量。所有其他类型的稻米消费量（包括产后损失量）合计将达到 8160 万吨，同比增长 1.9%。

3. 稻米库存

FAO 初步估计，2017/18 年度全球稻米消费量与产量基本持平。到本年度销售季结束，预计全球稻米库存 1.705 亿吨，下降 0.2%。库存量可以维持 4 个月的全球消费。全球稻米库存消费比在 2017/18 年度保持在 33.2% 左右，与上年度 33.8% 的水平相当。主要的稻米进口国整体库存增长 1.5%，达到 1.335 亿吨。印度尼西亚、尼泊尔和菲律宾稻米增产将推高库存。马达加斯加、斯里兰卡和坦桑尼亚稻米减产则将压低库存。

与传统稻米进口国库存普遍增加的趋势相反，稻米出口国整体库存将下降 6%，达到 3700 万吨。较少的库存量集中在 5 个主要的稻米出口国：印度、巴基斯坦、泰国、美国和越南。这 5 个出口国整体库存预计下降 7.6%，达到 3020 万吨，为 10 年来的最低点，库存消费比将从 2016/17 年度的 18.6% 下降到 16.9%。

其他稻米出口国中，澳大利亚和巴西的增产幅度小于预期，预计提高库存无望；而乌拉圭和巴拉圭继续消耗结转库存，保持出口势头。

4. 稻米贸易

FAO 预测，2017 年全球稻米贸易量将达到 4360 万吨，比 2016 年萎缩的贸易量高出 4.8%，但比 2014 年的历史最高值仍有 180 万吨的差距。贸易量增长主要来自亚洲国家。预计亚洲国家总体进口稻米 2130 万吨，同比增长 11%。其原因是孟加拉国、菲律宾和斯里兰卡等国政府取消了进口税，并且为了抑制国内价格和更新稻米储备，大大增加了稻米的进口。中国、伊拉克、伊朗、马来西亚和沙特也将增加稻米进口。尼泊尔、老挝、越南和印尼的进口有较小幅度下滑。

2017 年，由于货币疲软加之丰收在望，非洲国家的稻米进口预计小幅上升，达到 1430 万吨，涨幅 1.1%。非洲最重要的稻米进口国——尼日利亚，预计 2017 年将出现进口需求疲软。原因是高额进口关税、货币（奈拉）持续疲软，以及对稻米交易商的购汇限制。喀麦隆、马达加斯加和塞内加尔或将增加进口；几内亚、加纳和坦桑尼亚则有可能减少进口。

拉丁美洲和加勒比海地区 2017 年的稻米进口量预计比 2016 年的历史最高下降 5%，达到 400 万吨。

出口国方面，印度稻米出口预计达到 1080 万吨，同比增长 8%。从 2011 年恢复稻米出口后，印度就一直以低廉的价格向国际市场供应稻米，但今年由于印度卢比升值，而且政府收购了大量稻米，该国的出口竞争力下降。部分进口国转而寻求其他进口来源，使越南和泰国的出口前景看好。FAO 预计泰国 2017 年将出口 1050 万吨稻米，同比增长 6%。一是因为稻米增产；二是因为政府有意释放库存。2017 年中国、缅甸、乌拉圭和巴拉圭的稻米出口将有所增加。美国在粳稻出口方面有澳大利亚与之竞争、籼稻方面有南美国家竞争，因此 2017 年稻米出口预计维持上年水平。受减产影响而将减少出口的国家有：圭亚那和巴基斯坦；埃及和柬埔寨的出口量也将低于 2016 年。

尽管目前还有很多不确定性，FAO 预测 2018 年全球稻米贸易量将增长 1.3%，达到 4420 万吨。增幅如此有限是因为：虽然近东和非洲地区在 2018 年将进口更多稻米，但远东地区的稻米进口量预计会出现下降。出口国方面，2018 年巴基斯坦、越南等国的稻米出口量都有望大幅增长。尤其泰国，有可能在 6 年后重新回到全球第一稻米出口国的位置。而 2018 年印度和美国的稻米出口量则分别由于国内需求增长和减产而下降。

5. 稻米价格

国际稻米价格在 2016 年下半年持续下滑，到 2017 年就开始回升。5 月份，FAO 稻米价格总指数（2002 ~ 2004=100）到达 202 点，比 2016 年 12 月上升了 8%，比上年 6 月上升了 2%。主要原因是香米价格上涨。由于近东买家需求较大、印度香米的供应较为紧张，香米价格指数自上年 12 月以来上升了 35%。交易量最大的籼稻在 2017 年第一季度价格较为平稳，此后开始大幅度上升，原因是恰逢周期性供应紧张，以及孟加拉国和菲律宾等重要进口国入市在即。只有粳稻的价格没有受到上行趋势的影响，一方面由于需求疲软，另一方面是因为澳大利亚粳稻丰收在即。除了南美几个出口国由于持续丰收，没有出现稻米价格上涨，其他主要稻米出口国的价格都普遍有所上涨。由于稻米销售加速、泰铢升值，以及印度卢比升值等因素，泰国基准 100% B 级白米价格达到每吨 430 美元，上涨了 12%。而在印度，由于卢比升值，加上政府加速收购稻米，籼稻价格也出现了上涨。

四、油籽和油料

根据 FAO 的预测，2016/17 年度（2016 年 10 月至 2017 年 9 月）油籽和油料作物供需较为宽松。单产提高使全球油籽产量在 2016/17 年度有望达到历史最高。大豆产量大幅提高。油菜籽将进一步减产。棕榈油的产量在 2017 年将回升。总体看，油料作物将大幅增产。

2016/17 年度油料油脂的消费将持续上年度的疲软态势。油粕消费有望增长。预计 2016/17 年度油料产量大于消费量，尤其是油粕 / 饼。因此全球油脂油料库存将继续增加，库存消费比将进一步提高。宽松的供求前景使国际油籽和衍生品价格在 2016/17 年度中期之前保持下行趋势。

根据 FAO 目前对 2017/18 年度（始于 2017 年 10 月）的初步预测，全球油籽产量将维持上年度的水平，而油粕 / 饼的产量将从目前的高位小幅下滑。将上年度的转入库存考虑在内，并假设消费状况不变，油料油脂、油粕 / 饼的供应在 2017/18 年度将更为宽松，因此油籽及衍生品价格也将低位徘徊数月。

表 5　全球油料供需概况

	2015/16 年	2016/17 年 估计值	2017/18 年 预测值	年度变化 2017/18 年较 2016/17 年
	百万吨			%
总体油料				
生产	548.8	534.6	581.6	8.8
油脂				
生产	210.9	205.6	220.6	
供给	247.2	244.4	254.7	7.3
消费	205.5	211.5	216.9	4.2
贸易	114.5	115.3	121.6	2.6
全球库存消费比（%）	18.9	16.1	16.5	5.4
主要出口国库存消耗比（%）	10.9	9.7	10.4	
饼粕				
生产	141.2	137.8	151.8	10.2
供给	162.8	163.9	176.6	7.8
消费	133.4	139.0	146.1	5.1
贸易	86.7	90.4	95.7	5.8
全球库存消费比（%）	19.5	17.8	19.5	
主要出口国库存消耗比（%）	11.1	10.8	12.9	
FAO 价格指数（1 月 /12 月） （2002~2004=100）	2015 年	2016 年	2017 年 1~5 月	变化 2017 年 1~5 月较 2016 年 1~5 月 %
油料	149	154	155	5.0
饼粕	179	169	163	2.2
油脂	147	164	172	10.7

1. 油脂油料生产

FAO 预测，2016/17 年度全球油籽产量有望因高单产而达到历史最高。主要的增量来自大豆，其次是葵花籽、花生、棉籽和棕榈仁。油菜籽产量将连续第三年下滑。全球大豆产量预计达到 3.5 亿吨，增产 3500 万吨，主要原因是单产的大幅提高。北半球主要大豆生产国都有增产。尤其是美国，将以超过 1.17 亿吨的产量稳居全球第一大豆生产国的位置。其主要原因是理想的天气条件使美国大豆单产提高到了每公顷 3.5 吨。加拿大、印度、欧盟和独联体也将因为单产高企而实现增产。南美国家的大豆产量有望创下历史新高。

全球油菜籽产量预计降到 4 年来的最低点。欧盟由于气候条件不佳、中国由于种植面积下降，都将出现减产。加拿大的油菜籽单产提高，而种植面积下降，二者影响恰好相互抵消，产量将基本维持现有水平。

全球葵花籽产量预计再创历史新高，原因是单产和种植面积都为历史最高水平。主要葵花籽生产国都有增产，尤其是乌克兰和俄罗斯。

全球花生产量也将突破历史纪录，也是由于单产和种植面积的提高。美国、巴西、巴基斯坦和澳大利亚今年棉籽都将大幅增产，而主要棉籽生产国中国和印度的产量预计维持目前水平。全球棕榈仁和椰子核产量也将从近年的低迷中复苏，主要由于南亚国家的增产。

根据对油籽产量的前景判断，FAO 预测 2016/17 年度全球油脂产量将实现 7% 的增长。预计增长最多的是棕榈油和大豆油，其次是葵花籽油、棕榈仁油和花生油。菜籽油将连续第三年减产，橄榄油也可能面临周期性减产。

2016/17 年度全球饼粕产量预计从上年度的低水平中复苏，实现 10% 的增产。主要原因是豆粕增产幅度较大。葵花籽、花生、棕榈仁等粕类也将增产，菜籽油粕将减产。

FAO 对 2017/18 年度的油籽和油料生产也作出了初步估计。对农民来说，油料作物的价格相比其他作物更具吸引力，因此种植面积有望进一步增加。但鉴于目前供应充足，2017/18 年度油料作物种植面积增加的空间将十分有限。因为在较好的气候条件下，也很难在 2017/18 年度继续保持目前的历史最高单产。

2. 油脂油料消费

2016/17 年度，全球油脂消费预计小幅增长，涨幅在 2.5% ~ 3%。大豆油消费增量最大，棕榈油消费量增长速度低于往年平均。葵花籽油和花生油消费量预计有较大增长。由于供应紧张，菜籽油消费或将维持现状。

总体来看，油脂食用和非食用消费增长的主要动力来自人口和收入增长。相比前几年，生物燃料行业对油脂消费量的影响将有所下降。

2016/17 年度，全球饼粕消费量预计创历史新高，主要因为畜牧业需求增长。但是，饲料替代作物和 DDGS 的充足供应也将影响饼粕的消费量。大豆粕的市场供应较为充足，其消费增量最大；油菜籽粕和棉籽粕的供给相对较紧，其消费量预计下降。

3. 油脂油料库存

2016/17 年度，由于产量增幅较大，油脂期末库存（包括油脂库存和油料库存中的油）预计增长 5%，达到 3580 万吨。棕榈油和大豆油库存增长足以对冲菜籽油库存的下降。2016/17 年度全球油脂库存消费比将达到 16.5%，比上年度略有提高。

2016/17 年度，饼粕产量预计大大高于消费量。一旦预测实现，全球饼粕期末库存就将出现大幅上升。FAO 估计 2016/17 年度豆粕结转库存将达到 5600 万吨，大大超过近几年来的最高水平。其他饼粕库存也将出现增长，只有油菜籽粕库存预计下降。

4. 油脂油料贸易

2016/17 年度全球油脂（包括交易油料中所含的油）贸易量预计增长 5% ~ 6%，达到 1.216 亿吨。主要原因是棕榈油、大豆油、葵花籽油和菜籽油交易量增加。但棕榈油的交易量相比上年仅略有增长，一方面棕榈油价格上行，抑制了进口需求；另一方面马来西亚和印尼等国虽然增产，但主要用于充实国内库存和满足国内需求。相反，由于供应充足且价格走低，全球大豆油、菜籽油和葵花籽油的交易量预计创下历史纪录。

FAO 估计，由于宽松的供应和具有竞争力的价格，2016/17 年度全球饼粕（包括交易油籽中所含的粕）交易量将出现 6% 的增长。豆粕增量最大，其次是油菜籽粕、葵花籽粕和鱼粉。

5. 油脂油料价格

2016/17 年度（2016 年 10 月至 2017 年 9 月），尽管国际油籽和衍生品价格在最初几个月短暂上扬，但从 2017 年 2 月开始就持续下滑，主要原因是南美国家 2016/17 年度大豆大面积丰收，而且美国大豆 2017/18 年度种植面积预计大幅增长，将使供求关系进一步宽松。增产前景同样压低了油菜籽价格。FAO 饼粕价格指数和油脂价格指数近期也都持续下滑。

基于 2016/17 年度油脂和饼粕的充足供应，以及对 2017/18 年度供应的乐观预期，FAO 预计油料作物产品价格在未来几个月还将继续下跌。从 2017 年 4 月中旬开始，芝加哥交易所大豆期货成交价格低于上年对应价格即反映了这一趋势。

四 粮食行业统计资料

1. 全国主要粮食及油料播种面积 (1978 ～ 2016 年)
2. 全国主要粮食及油料产量 (1978 ～ 2016 年)
3. 全国主要粮食及油料单位面积产量 (1978 ～ 2016 年)
4. 各地区粮食播种面积（2015 ～ 2016 年）
5. 各地区粮食总产量（2015 ～ 2016 年）
6. 各地区粮食单位面积产量（2015 ～ 2016 年）
7.2016 年各地区粮食及油料播种面积和产量
8.2016 年各地区粮油产量及人均占有量排序
9.2016 年各地区人均粮食占有量
10.2016 年各地区人均农产品占有量
11.2016 年分地区粮食产业主要经济指标情况表
12.2016 年分地区粮食产业生产能力汇总表
13. 粮食成本收益变化情况表（1991 ～ 2016 年）
14. 国有粮食企业主要粮食品种收购量（1978 ～ 2016 年）
15. 国有粮食企业主要粮食品种销售量（1978 ～ 2016 年）
16. 全国粮油进口情况表（1992 ～ 2016 年）
17. 全国粮油出口情况表（1992 ～ 2016 年）
18. 国民经济与社会发展总量指标（1978 ～ 2016 年）

1. 全国主要粮食及油料播种面积（1978 ~ 2016 年）

单位：千公顷

年 份	粮食					油料
		稻谷	小麦	玉米	大豆	
1978	120587	34421	29183	19961	7144	6222
1979	119263	33873	29357	20133	7247	7051
1980	117234	33878	28844	20087	7226	7928
1981	114958	33295	28307	19425	8024	9134
1982	113462	33071	27955	18543	8419	9343
1983	114047	33136	29050	18824	7567	8390
1984	112884	33178	29576	18537	7286	8678
1985	108845	32070	29218	17694	7718	11800
1986	110933	32266	29616	19124	8295	11415
1987	111268	32193	28798	20212	8445	11181
1988	110123	31987	28785	19692	8120	10619
1989	112205	32700	29841	20353	8057	10504
1990	113466	33064	30753	21401	7560	10900
1991	112314	32590	30948	21574	7041	11530
1992	110560	32090	30496	21044	7221	11489
1993	110509	30355	30235	20694	9454	11142
1994	109544	30171	28981	21152	9222	12081
1995	110060	30744	28860	22776	8127	13102
1996	112548	31406	29611	24498	7471	12555
1997	112912	31765	30057	23775	8346	12381
1998	113787	31214	29774	25239	8500	12919
1999	113161	31283	28855	25904	7962	13906
2000	108463	29962	26653	23056	9307	15400
2001	106080	28812	24664	24282	9482	14631
2002	103891	28202	23908	24634	8720	14766
2003	99410	26508	21997	24068	9313	14990
2004	101606	28379	21626	25446	9589	14431
2005	104278	28847	22793	26358	9591	14318
2006	104958	28938	23613	28463	9304	11738
2007	105638	28919	23721	29478	8754	11316
2008	106793	29241	23617	29864	9127	12825
2009	108986	29627	24291	31183	9190	13652
2010	109876	29873	24257	32500	8516	13890
2011	110573	30057	24270	33542	7889	13855
2012	111205	30137	24268	35029	7172	13930
2013	111956	30312	24117	36318	6791	14023
2014	112723	30310	24069	37123	6800	14043
2015	113343	30216	24141	38119	6506	14035
2016	113034	30178	24187	36768	7202	14138

数据来源：国家统计局统计资料。

2. 全国主要粮食及油料产量（1978 ～ 2016 年）

单位：万吨

年　份	粮食					油料
		稻谷	小麦	玉米	大豆	
1978	30476.5	13693.0	5384.0	5594.5	756.5	521.8
1979	33211.5	14375.0	6273.0	6003.5	746.0	643.5
1980	32055.5	13990.5	5520.5	6260.0	794.0	769.1
1981	32502.0	14395.5	5964.0	5920.5	932.5	1020.5
1982	35450.0	16159.5	6847.0	6056.0	903.0	1181.7
1983	38727.5	16886.5	8139.0	6820.5	976.0	1055.0
1984	40730.5	17825.5	8781.5	7341.0	969.5	1191.0
1985	37910.8	16856.9	8580.5	6382.6	1050.0	1578.4
1986	39151.2	17222.4	9004.0	7085.6	1161.4	1473.8
1987	40297.7	17426.2	8590.2	7924.1	1246.5	1527.8
1988	39408.1	16910.7	8543.2	7735.1	1164.5	1320.3
1989	40754.9	18013.0	9080.7	7892.8	1022.7	1295.2
1990	44624.3	18933.1	9822.9	9681.9	1100.0	1613.2
1991	43529.3	18381.3	9595.3	9877.3	971.3	1638.3
1992	44265.8	18622.2	10158.7	9538.3	1030.4	1641.2
1993	45648.8	17751.4	10639.0	10270.4	1530.7	1803.9
1994	44510.1	17593.3	9929.7	9927.5	1599.9	1989.6
1995	46661.8	18522.6	10220.7	11198.6	1350.2	2250.3
1996	50453.5	19510.3	11056.9	12747.1	1322.4	2210.6
1997	49417.1	20073.5	12328.9	10430.9	1473.2	2157.4
1998	51229.5	19871.3	10972.6	13295.4	1515.2	2313.9
1999	50838.6	19848.7	11388.0	12808.6	1424.5	2601.2
2000	46217.5	18790.8	9963.6	10600.0	1540.9	2954.8
2001	45263.7	17758.0	9387.3	11408.8	1540.6	2864.9
2002	45705.8	17453.9	9029.0	12130.8	1650.5	2897.2
2003	43069.5	16065.6	8648.8	11583.0	1539.3	2811.0
2004	46946.9	17908.8	9195.2	13028.7	1740.1	3065.9
2005	48402.2	18058.8	9744.5	13936.5	1634.8	3077.1
2006	49804.2	18171.8	10846.6	15160.3	1508.2	2640.3
2007	50160.3	18603.4	10929.8	15230.0	1272.5	2568.7
2008	52870.9	19189.6	11246.4	16591.4	1554.2	2952.8
2009	53082.1	19510.3	11511.5	16397.4	1498.2	3154.3
2010	54647.7	19576.1	11518.1	17724.5	1508.3	3230.1
2011	57120.8	20100.1	11740.1	19278.1	1448.5	3306.8
2012	58958.0	20423.6	12102.3	20561.4	1305.0	3436.8
2013	60193.8	20361.2	12192.6	21848.9	1195.1	3517.0
2014	60702.6	20650.7	12620.8	21564.6	1215.4	3507.4
2015	62143.9	20822.5	13018.5	22463.2	1178.5	3537.0
2016	61625.0	20707.5	12884.5	21955.2	1293.7	3629.5

数据来源：国家统计局统计资料。

3. 全国主要粮食及油料单位面积产量（1978 ~ 2016 年）

单位：公斤 / 公顷

年 份	粮食					油料
		稻谷	小麦	玉米	大豆	
1978	2527.3	3978.1	1844.9	2802.7	1059.0	838.6
1979	2784.7	4243.8	2136.8	2981.9	1029.4	912.7
1980	2734.3	4129.6	1913.9	3116.4	1098.8	970.0
1981	2827.3	4323.7	2106.9	3047.9	1162.2	1117.2
1982	3124.4	4886.3	2449.3	3265.9	1072.6	1264.8
1983	3395.7	5096.1	2801.7	3623.3	1289.8	1257.4
1984	3608.2	5372.6	2969.1	3960.3	1330.6	1372.5
1985	3483.0	5256.3	2936.7	3607.2	1360.5	1337.7
1986	3529.3	5337.6	3040.2	3705.1	1400.2	1291.1
1987	3621.7	5413.1	2982.9	3920.6	1476.0	1366.5
1988	3578.6	5286.7	2968.0	3928.1	1434.1	1243.3
1989	3632.2	5508.5	3043.0	3877.9	1269.3	1233.1
1990	3932.8	5726.1	3194.1	4523.9	1455.1	1479.9
1991	3875.7	5640.2	3100.5	4578.3	1379.5	1421.0
1992	4003.8	5803.1	3331.2	4532.7	1427.0	1428.4
1993	4130.8	5847.9	3518.8	4963.0	1619.1	1619.0
1994	4063.2	5831.1	3426.3	4693.4	1734.9	1646.9
1995	4239.7	6024.8	3541.5	4916.9	1661.4	1717.6
1996	4482.8	6212.4	3734.1	5203.3	1770.2	1760.7
1997	4376.6	6319.4	4101.9	4387.3	1765.1	1742.5
1998	4502.2	6366.2	3685.3	5267.8	1782.5	1791.0
1999	4492.6	6344.8	3946.6	4944.7	1789.2	1870.5
2000	4261.2	6271.6	3738.2	4597.5	1655.7	1918.7
2001	4266.9	6163.3	3806.1	4698.4	1624.8	1958.1
2002	4399.4	6189.0	3776.5	4924.5	1892.9	1962.0
2003	4332.5	6060.7	3931.8	4812.6	1652.9	1875.2
2004	4620.5	6310.6	4251.9	5120.2	1814.8	2124.6
2005	4641.6	6260.2	4275.3	5287.3	1704.5	2149.2
2006	4745.2	6279.6	4593.4	5326.3	1620.9	2249.3
2007	4748.3	6433.0	4607.7	5166.7	1453.7	2270.0
2008	4950.8	6562.5	4762.0	5555.7	1702.8	2302.3
2009	4870.6	6585.3	4739.0	5258.5	1630.2	2310.5
2010	4973.6	6553.0	4748.4	5453.7	1771.2	2325.6
2011	5165.9	6687.3	4837.2	5747.5	1836.3	2386.7
2012	5301.8	6776.9	4986.9	5869.7	1819.6	2467.2
2013	5376.6	6717.3	5055.6	6015.9	1759.9	2508.1
2014	5385.1	6813.2	5243.5	5808.9	1787.3	2497.7
2015	5482.8	6891.3	5392.6	5892.9	1811.4	2520.2
2016	5451.9	6861.7	5327.1	5971.3	1796.3	2567.1

数据来源：国家统计局统计资料。

4. 各地区粮食播种面积（2015 ~ 2016 年）

单位：千公顷

地 区	2015 年	2016 年	2016 年比 2015 年增加	
			绝对数	%
全国总计	**112888.4**	**112589.9**	**–298.5**	**–0.3**
东部地区	42631.1	42504.7	–126.4	–0.3
中部地区	26328.5	26309.8	–18.7	–0.1
西部地区	27273.7	27166.2	–107.5	–0.4
东北地区	17005.1	16966.5	–38.7	–0.2
北 京	104.5	87.3	–17.1	–16.4
天 津	350.0	357.3	7.2	2.1
河 北	6392.5	6327.4	–65.1	–1.0
山 西	3287.2	3241.4	–45.8	–1.4
内蒙古	5726.7	5784.8	58.1	1.0
辽 宁	3297.4	3231.4	–66.0	–2.0
吉 林	5078.0	5021.7	–56.3	–1.1
黑龙江	11765.2	11804.7	39.5	0.3
上 海	161.9	140.1	–21.9	–13.5
江 苏	5424.6	5432.7	8.1	0.1
浙 江	1277.8	1255.4	–22.4	–1.8
安 徽	6632.9	6644.5	11.6	0.2
福 建	1193.2	1176.7	–16.5	–1.4
江 西	3705.6	3686.2	–19.4	–0.5
山 东	7492.1	7511.5	19.3	0.3
河 南	10267.2	10286.2	19.0	0.2
湖 北	4466.0	4436.9	–29.2	–0.7
湖 南	4944.7	4890.6	–54.0	–1.1
广 东	2505.8	2509.3	3.5	0.1
广 西	3059.3	3023.6	–35.7	–1.2
海 南	375.6	360.4	–15.3	–4.1
重 庆	2234.0	2250.1	16.1	0.7
四 川	6453.9	6453.9	0.0	0.0
贵 州	3114.9	3113.3	–1.7	–0.1
云 南	4487.3	4481.2	–6.1	–0.1
西 藏	178.9	182.9	4.0	2.3
陕 西	3073.5	3068.7	–4.8	–0.2
甘 肃	2849.6	2814.0	–35.7	–1.3
青 海	277.1	281.1	4.0	1.4
宁 夏	770.4	778.3	7.9	1.0
新 疆	2395.0	2401.1	6.1	0.3

注：东部地区包括：北京、天津、河北、上海、江苏、浙江、福建、山东、广东、海南等 10 省市；中部地区包括：山西、安徽、江西、河南、湖北、湖南等 6 省；西部地区包括：重庆、四川、贵州、云南、西藏、陕西、甘肃、青海、宁夏、新疆、内蒙古、广西等 12 省区市；东北地区包括：辽宁、吉林、黑龙江等 3 省。

数据来源：国家统计局统计资料。

5. 各地区粮食总产量（2015 ~ 2016 年）

单位：万吨

地　区	2015 年	2016 年	2016 年比 2015 年增加	
			绝对数	%
全国总计	**62143.9**	**61625.0**	**–518.9**	**–0.8**
东部地区	14949.8	14917.3	–32.4	–0.2
中部地区	18719.7	18327.9	–391.8	–2.1
西部地区	16500.9	16503.4	2.5	0.0
东北地区	11973.5	11876.3	–97.2	–0.8
北　京	62.6	53.7	–8.9	–14.3
天　津	181.7	196.4	14.6	8.0
河　北	3363.8	3460.2	96.4	2.9
山　西	1259.6	1318.5	58.9	4.7
内蒙古	2827.0	2780.3	–46.8	–1.7
辽　宁	2002.5	2100.6	98.1	4.9
吉　林	3647.0	3717.2	70.2	1.9
黑龙江	6324.0	6058.5	–265.5	–4.2
上　海	112.1	99.2	–12.9	–11.5
江　苏	3561.3	3466.0	–95.3	–2.7
浙　江	752.2	752.2	0.0	0.0
安　徽	3538.1	3417.4	–120.7	–3.4
福　建	661.1	650.9	–10.2	–1.5
江　西	2148.7	2138.1	–10.6	–0.5
山　东	4712.7	4700.7	–12.0	–0.3
河　南	6067.1	5946.6	–120.5	–2.0
湖　北	2703.3	2554.1	–149.2	–5.5
湖　南	3002.9	2953.2	–49.7	–1.7
广　东	1358.1	1360.2	2.1	0.2
广　西	1524.8	1521.3	–3.5	–0.2
海　南	184.0	177.9	–6.1	–3.3
重　庆	1154.9	1166.0	11.1	1.0
四　川	3442.8	3483.5	40.7	1.2
贵　州	1180.0	1192.4	12.4	1.0
云　南	1876.4	1902.9	26.5	1.4
西　藏	100.6	101.9	1.3	1.3
陕　西	1226.8	1228.3	1.5	0.1
甘　肃	1171.1	1140.6	–30.5	–2.6
青　海	102.7	103.5	0.7	0.7
宁　夏	372.6	370.6	–2.0	–0.5
新　疆	1521.3	1512.3	–9.0	–0.6

注：东部地区包括：北京、天津、河北、上海、江苏、浙江、福建、山东、广东、海南等 10 省市；中部地区包括：山西、安徽、江西、河南、湖北、湖南等 6 省；西部地区包括：重庆、四川、贵州、云南、西藏、陕西、甘肃、青海、宁夏、新疆、内蒙古、广西等 12 省区市；东北地区包括：辽宁、吉林、黑龙江等 3 省。
数据来源：国家统计局统计资料。

6. 各地区粮食单位面积产量（2015 ~ 2016 年）

单位：公斤 / 公顷

地 区	2015 年	2016 年	2016 年比 2015 年增加	
			绝对数	%
全国总计	5482.8	5451.9	–30.9	–0.6
东部地区	5914.1	5929.4	15.4	0.3
中部地区	5620.9	5522.8	–98.1	–1.7
西部地区	4766.2	4765.3	–1.0	0.0
东北地区	5945.0	5921.1	–23.9	–0.4
北 京	5996.6	6148.2	151.7	2.5
天 津	5192.1	5496.6	304.5	5.9
河 北	5262.1	5468.6	206.5	3.9
山 西	3831.8	4067.7	235.9	6.2
内蒙古	4936.6	4806.1	–130.4	–2.6
辽 宁	6072.9	6500.7	427.7	7.0
吉 林	7182.1	7402.4	220.3	3.1
黑龙江	5375.1	5132.3	–242.9	–4.5
上 海	6920.9	7079.3	158.4	2.3
江 苏	6565.1	6379.9	–185.2	–2.8
浙 江	5886.7	5991.7	105.0	1.8
安 徽	5334.2	5143.2	–191.0	–3.6
福 建	5540.5	5531.2	–9.3	–0.2
江 西	5798.5	5800.3	1.7	0.0
山 东	6290.2	6258.1	–32.2	–0.5
河 南	5909.2	5781.2	–128.1	–2.2
湖 北	6053.0	5756.6	–296.4	–4.9
湖 南	6073.1	6038.5	–34.6	–0.6
广 东	5419.9	5420.7	0.8	0.0
广 西	4983.9	5031.4	47.5	1.0
海 南	4898.3	4935.5	37.3	0.8
重 庆	5169.7	5182.1	12.4	0.2
四 川	5334.4	5397.5	63.1	1.2
贵 州	3788.2	3830.0	41.8	1.1
云 南	4181.5	4246.4	64.9	1.6
西 藏	5625.2	5570.7	–54.5	–1.0
陕 西	3991.5	4002.6	11.1	0.3
甘 肃	4109.8	4053.3	–56.4	–1.4
青 海	3707.5	3680.8	–26.7	–0.7
宁 夏	4836.3	4761.5	–74.8	–1.5
新 疆	6351.8	6298.2	–53.6	–0.8

注：东部地区包括：北京、天津、河北、上海、江苏、浙江、福建、山东、广东、海南等 10 省市；中部地区包括：山西、安徽、江西、河南、湖北、湖南等 6 省；西部地区包括：重庆、四川、贵州、云南、西藏、陕西、甘肃、青海、宁夏、新疆、内蒙古、广西等 12 省区市；东北地区包括：辽宁、吉林、黑龙江等 3 省。
数据来源：国家统计局统计资料。

7. 2016 年各地区粮食及油料播种面积和产量（一）

单位：千公顷；万吨；公斤 / 公顷

地区	粮食			稻谷		
	播种面积	总产量	每公顷产量	播种面积	总产量	每公顷产量
全国总计	113034.5	61625.0	5451.9	30178.2	20707.5	6861.7
东部地区	25158.1	14917.3	5929.4	6360.5	4470.9	7029.1
中部地区	33185.8	18327.9	5522.8	12454.0	8252.9	6626.7
西部地区	34632.9	16503.4	4765.3	6817.2	4589.8	6732.6
东北地区	20057.8	11876.3	5921.1	4546.5	3394.0	7465.0
北　京	87.3	53.7	6148.2	0.2	0.1	6721.0
天　津	357.3	196.4	5496.6	17.7	13.4	7557.1
河　北	6327.4	3460.2	5468.6	81.5	54.7	6712.5
山　西	3241.4	1318.5	4067.7	0.7	0.5	7000.0
内蒙古	5784.8	2780.3	4806.1	98.4	63.2	6415.1
辽　宁	3231.4	2100.6	6500.7	562.5	484.6	8614.5
吉　林	5021.7	3717.2	7402.4	780.7	654.1	8378.7
黑龙江	11804.7	6058.5	5132.3	3203.3	2255.3	7040.5
上　海	140.1	99.2	7079.3	95.1	81.8	8600.0
江　苏	5432.7	3466.0	6379.9	2294.8	1931.4	8416.3
浙　江	1255.4	752.2	5991.7	818.3	593.8	7255.5
安　徽	6644.5	3417.4	5143.2	2265.5	1401.8	6187.6
福　建	1176.7	650.9	5531.2	769.4	471.5	6127.9
江　西	3686.2	2138.1	5800.3	3316.3	2012.6	6068.8
山　东	7511.5	4700.7	6258.1	105.8	88.1	8328.3
河　南	10286.2	5946.6	5781.2	655.0	542.2	8277.1
湖　北	4436.9	2554.1	5756.6	2131.0	1693.5	7947.2
湖　南	4890.6	2953.2	6038.5	4085.5	2602.3	6369.6
广　东	2509.3	1360.2	5420.7	1888.6	1087.1	5755.9
广　西	3023.6	1521.3	5031.4	1959.8	1137.3	5802.8
海　南	360.4	177.9	4935.5	289.1	149.1	5158.0
重　庆	2250.1	1166.0	5182.1	692.1	510.55	7377.4
四　川	6453.9	3483.5	5397.5	1990.0	1558.2	7830.2
贵　州	3113.3	1192.4	3830.0	674.3	430.5	6384.5
云　南	4481.2	1902.9	4246.4	1130.0	671.9	5946.0
西　藏	182.9	101.9	5570.7	1.0	0.5	4936.2
陕　西	3068.7	1228.3	4002.6	122.7	91.9	7491.0
甘　肃	2814.0	1140.6	4053.3	4.7	3.1	6709.7
青　海	281.1	103.5	3680.8	0.0	0.0	0.0
宁　夏	778.3	370.6	4761.5	75.1	63.0	8394.4
新　疆	2401.1	1512.3	6298.2	69.2	59.7	8626.8

注：东部地区包括：北京、天津、河北、上海、江苏、浙江、福建、山东、广东、海南等 10 省市；中部地区包括：山西、安徽、江西、河南、湖北、湖南等 6 省；西部地区包括：重庆、四川、贵州、云南、西藏、陕西、甘肃、青海、宁夏、新疆、内蒙古、广西等 12 省区市；东北地区包括：辽宁、吉林、黑龙江等 3 省。

数据来源：国家统计局统计资料。

7. 2016 年各地区粮食及油料播种面积和产量(二)

单位 : 千公顷；万吨；公斤 / 公顷

地 区	小 麦			玉 米		
	播种面积	总 产 量	每公顷产量	播种面积	总 产 量	每公顷产量
全国总计	24186.8	12884.5	5327.1	36767.7	21955.2	5971.3
东部地区	8572.9	5005.2	5838.4	7431.4	4349.1	5852.3
中部地区	9725.3	5562.0	5719.2	6859.3	3595.1	5241.2
西部地区	5802.9	2286.0	3939.4	11343.8	6584.9	5804.9
东北地区	85.8	31.3	3649.8	11133.2	7426.0	6670.2
北 京	15.9	8.5	5373.9	65.2	43.2	6620.6
天 津	110.9	60.9	5490.2	218.4	118.1	5406.5
河 北	2313.9	1433.3	6194.1	3191.1	1753.6	5495.5
山 西	672.9	273.4	4062.9	1624.8	888.9	5470.9
内蒙古	593.4	169.9	2863.2	3208.8	2139.8	6668.5
辽 宁	5.8	2.2	3793.1	2258.9	1465.6	6488.2
吉 林	0.3	0.1	3703.7	3656.9	2833.0	7747.1
黑龙江	79.7	29.0	3639.2	5217.4	3127.4	5994.2
上 海	32.6	12.1	3709.7	3.1	2.1	6843.0
江 苏	2189.9	1119.6	5112.5	444.2	233.9	5265.7
浙 江	76.6	25.4	3315.1	69.5	30.5	4381.9
安 徽	2446.9	1385.9	5663.9	876.2	462.0	5272.8
福 建	1.9	0.6	2827.2	52.0	21.8	4183.1
江 西	12.3	2.6	2113.8	30.3	13.0	4290.4
山 东	3830.3	2344.6	6121.2	3206.9	2065.0	6439.0
河 南	5465.7	3466.0	6341.4	3316.9	1745.9	5263.8
湖 北	1108.3	428.2	3863.9	661.7	296.6	4482.5
湖 南	19.2	5.9	3072.9	349.5	188.7	5399.1
广 东	0.9	0.3	3296.7	180.9	81.0	4474.7
广 西	6.4	1.1	1653.5	609.3	278.6	4571.7
海 南	0.0	0.0	0.0	0.0	0.0	0.0
重 庆	59.8	19.6	3283.1	475.3	264.7	5569.4
四 川	1088.0	413.4	3799.6	1399.0	793.2	5669.8
贵 州	241.7	59.7	2471.7	740.3	324.4	4381.6
云 南	430.3	89.4	2077.6	1513.2	756.5	4999.3
西 藏	36.6	23.1	6306.9	4.7	2.7	5843.3
陕 西	1082.6	445.0	4110.8	1150.2	545.4	4741.7
甘 肃	762.3	267.8	3512.5	1000.8	560.6	5601.0
青 海	86.3	33.1	3832.2	26.6	18.1	6788.1
宁 夏	126.2	40.9	3240.4	296.9	216.2	7280.6
新 疆	1289.4	723.1	5607.8	918.7	684.9	7454.9

注：东部地区包括：北京、天津、河北、上海、江苏、浙江、福建、山东、广东、海南等10省市；中部地区包括：山西、安徽、江西、河南、湖北、湖南等6省；西部地区包括：重庆、四川、贵州、云南、西藏、陕西、甘肃、青海、宁夏、新疆、内蒙古、广西等12省区市；东北地区包括：辽宁、吉林、黑龙江等3省。
数据来源：国家统计局统计资料。

7. 2016 年各地区粮食及油料播种面积和产量（三）

单位：千公顷；万吨；公斤 / 公顷

地　区	大　豆			油　料		
	播种面积	总 产 量	每公顷产量	播种面积	总 产 量	每公顷产量
全国总计	7202.3	1293.7	1796.3	14113.4	3629.5	2571.7
东部地区	672.9	167.1	2483.4	2357.3	802.9	3405.8
中部地区	1720.9	266.8	1550.2	6090.7	1544.0	2535.0
西部地区	1592.1	288.2	1810.3	4946.7	1097.0	2217.7
东北地区	3216.4	571.7	1777.3	718.6	185.6	2583.0
北　京	2.3	0.4	1894.9	2.2	0.6	2523.1
天　津	4.6	1.1	2350.9	6.7	1.6	2393.6
河　北	105.7	24.7	2332.1	468.3	156.5	3341.8
山　西	191.6	23.9	1245.2	114.7	15.4	1345.6
内蒙古	615.6	100.5	1632.6	1001.8	220.0	2196.4
辽　宁	132.4	28.2	2132.7	289.0	81.3	2814.2
吉　林	200.1	39.9	1991.2	317.1	82.5	2603.1
黑龙江	2883.9	503.6	1746.2	112.5	21.7	1932.4
上　海	1.2	0.3	2604.6	4.2	0.9	2144.2
江　苏	201.7	47.1	2335.5	438.6	131.9	3007.9
浙　江	89.2	21.7	2428.5	141.1	29.1	2061.7
安　徽	830.1	125.3	1509.5	731.1	214.8	2938.3
福　建	69.2	18.4	2667.0	120.1	31.0	2584.8
江　西	104.6	24.9	2380.5	729.2	122.0	1673.4
山　东	132.7	35.7	2692.2	757.1	326.8	4316.5
河　南	368.0	50.6	1375.1	1624.8	619.1	3810.3
湖　北	134.8	20.9	1550.1	1452.9	329.8	2269.6
湖　南	91.7	21.2	2311.9	1438.0	242.9	1688.9
广　东	63.8	17.0	2671.7	379.1	113.3	2988.6
广　西	97.3	14.9	1535.6	257.2	68.9	2680.6
海　南	2.5	0.6	2540.2	40.0	11.2	2793.1
重　庆	105.9	21.2	2003.6	320.0	62.7	1960.2
四　川	232.4	53.3	2293.5	1307.1	311.3	2381.6
贵　州	139.6	17.8	1273.8	594.5	103.4	1739.7
云　南	125.0	31.5	2520.0	355.8	68.5	1925.2
西　藏	0.1	0.0	3975.9	22.6	6.2	2748.3
陕　西	111.5	17.9	1608.2	304.6	63.8	2094.4
甘　肃	89.3	13.6	1522.6	332.0	76.0	2289.8
青　海	0.0	0.0	0.0	142.6	30.0	2106.1
宁　夏	17.0	2.2	1305.9	68.4	14.7	2141.7
新　疆	58.5	15.2	2599.6	240.2	71.4	2972.2

注：东部地区包括：北京、天津、河北、上海、江苏、浙江、福建、山东、广东、海南等 10 省市；中部地区包括：山西、安徽、江西、河南、湖北、湖南等 6 省；西部地区包括：重庆、四川、贵州、云南、西藏、陕西、甘肃、青海、宁夏、新疆、内蒙古、广西等 12 省区市；东北地区包括：辽宁、吉林、黑龙江等 3 省。
数据来源：国家统计局统计资料。

8. 2016 年各地区粮油产量及人均占有量排序

单位：万吨；公斤

地 区	粮食产量		粮食人均占有量		油料产量		油料人均占有量	
	绝对数	位次	绝对数	位次	绝对数	位次	绝对数	位次
全国总计	61625.0		446.99		3629.5		26.33	
北 京	53.7	31	24.72	31	0.6	31	0.26	31
天 津	196.4	26	126.32	28	1.6	29	1.03	29
河 北	3460.2	7	464.62	11	156.5	8	21.01	15
山 西	1318.5	18	358.97	19	15.4	25	4.20	28
内蒙古	2780.3	10	1105.21	3	220.0	6	87.46	1
辽 宁	2100.6	13	479.58	8	81.3	14	18.57	18
吉 林	3717.2	4	1355.08	2	82.5	13	30.09	9
黑龙江	6058.5	1	1592.05	1	21.7	24	5.71	26
上 海	99.2	30	41.02	30	0.9	30	0.37	30
江 苏	3466.0	6	433.93	15	131.9	9	16.52	20
浙 江	752.2	23	135.18	27	29.1	23	5.23	27
安 徽	3417.4	8	553.91	6	214.8	7	34.82	7
福 建	650.9	24	168.77	26	31.0	21	8.05	25
江 西	2138.1	12	466.94	10	122.0	10	26.65	13
山 东	4700.7	3	474.97	9	326.8	3	33.02	8
河 南	5946.6	2	625.56	5	619.1	1	65.13	2
湖 北	2554.1	11	435.24	13	329.8	2	56.19	3
湖 南	2953.2	9	434.13	14	242.9	5	35.70	6
广 东	1360.2	17	124.52	29	113.3	11	10.37	24
广 西	1521.3	15	315.82	22	68.9	17	14.31	22
海 南	177.9	27	194.61	24	11.2	27	12.23	23
重 庆	1166.0	21	384.50	18	62.7	20	20.68	16
四 川	3483.5	5	423.11	16	311.3	4	37.81	5
贵 州	1192.4	20	336.62	20	103.4	12	29.20	11
云 南	1902.9	14	400.09	17	68.5	18	14.40	21
西 藏	101.9	29	311.41	23	6.2	28	18.99	17
陕 西	1228.3	19	323.00	21	63.8	19	16.78	19
甘 肃	1140.6	22	437.89	12	76.0	15	29.18	12
青 海	103.5	28	175.06	25	30.0	22	50.83	4
宁 夏	370.6	25	551.99	7	14.7	26	21.83	14
新 疆	1512.3	16	635.70	4	71.4	16	30.01	10

数据来源：国家统计局统计资料。

9. 2016 年各地区人均粮食占有量

单位：公斤

地区	粮食	其中：谷物				大豆
			稻谷	小麦	玉米	
全国总计	446.99	410.09	150.20	93.46	159.25	9.38
北京	24.72	24.09	0.05	3.94	19.89	0.20
天津	126.32	124.94	8.59	39.17	75.97	0.70
河北	464.62	446.04	7.35	192.45	235.47	3.31
山西	358.97	335.66	0.13	74.44	242.00	6.50
内蒙古	1105.21	990.72	25.10	67.54	850.62	39.95
辽宁	479.58	460.52	110.63	0.50	334.61	6.45
吉林	1355.08	1312.93	238.45	0.04	1032.74	14.53
黑龙江	1592.05	1428.26	592.65	7.62	821.82	132.33
上海	41.02	40.77	33.84	5.00	0.87	0.13
江苏	433.93	420.73	241.80	140.16	29.28	5.90
浙江	135.18	117.89	106.70	4.56	5.47	3.89
安徽	553.91	527.19	227.21	224.64	74.88	20.31
福建	168.77	128.63	122.25	0.14	5.64	4.78
江西	466.94	443.30	439.53	0.57	2.84	5.44
山东	474.97	455.21	8.90	236.90	208.65	3.61
河南	625.56	607.72	57.03	364.61	183.67	5.32
湖北	435.24	413.83	288.59	72.97	50.54	3.56
湖南	434.13	412.38	382.55	0.87	27.74	3.12
广东	124.52	107.17	99.51	0.03	7.41	1.56
广西	315.82	294.91	236.09	0.22	57.83	3.10
海南	194.61	163.24	163.17	0.00	0.00	0.69
重庆	384.50	265.87	168.36	6.48	87.28	6.99
四川	423.11	345.75	189.26	50.21	96.34	6.47
贵州	336.62	241.52	121.53	16.86	91.57	5.02
云南	400.09	329.61	141.27	18.80	159.06	6.62
西藏	311.41	304.97	1.54	70.45	8.40	0.10
陕西	323.00	292.98	24.17	117.03	143.42	4.71
甘肃	437.89	339.05	1.20	102.80	215.21	5.22
青海	175.06	103.38	0.00	55.94	30.58	0.00
宁夏	551.99	494.17	93.84	60.90	321.96	3.31
新疆	635.70	619.93	25.09	303.95	287.89	6.39

数据来源：国家统计局统计资料。

10. 2016 年各地区人均农产品占有量

单位：公斤

地 区	粮食	棉花	油料	糖料	水果
全国总计	446.99	3.84	26.33	89.51	205.7
北 京	24.72	0.00	0.26	0.00	36.4
天 津	126.3	1.50	1.0	0.00	39.6
河 北	464.6	4.02	21.0	12.51	287.1
山 西	359.0	0.28	4.2	0.91	228.9
内蒙古	1105.2	0.01	87.5	106.31	125.7
辽 宁	479.6	0.00	18.6	2.15	183.2
吉 林	1355.1	0.00	30.1	0.52	87.9
黑龙江	1592.1	0.00	5.7	2.99	68.3
上 海	41.0	0.01	0.4	0.23	20.9
江 苏	433.9	0.92	16.5	1.13	111.8
浙 江	135.2	0.30	5.2	11.16	130.2
安 徽	553.9	2.99	34.8	3.30	169.1
福 建	168.8	0.00	8.0	9.60	221.4
江 西	466.9	1.60	26.6	14.36	134.8
山 东	475.0	5.54	33.0	0.00	328.9
河 南	625.6	1.03	65.1	2.47	302.0
湖 北	435.2	3.21	56.2	6.39	172.2
湖 南	434.1	1.80	35.7	9.73	154.1
广 东	124.5	0.00	10.4	135.42	157.2
广 西	315.8	0.05	14.3	1548.96	390.8
海 南	194.6	0.00	12.2	223.86	432.6
重 庆	384.5	0.00	20.7	3.20	134.8
四 川	423.1	0.11	37.8	6.02	119.0
贵 州	336.6	0.03	29.2	33.26	70.8
云 南	400.1	0.00	14.4	365.51	159.6
西 藏	311.4	0.00	19.0	0.00	4.7
陕 西	323.0	0.89	16.8	0.04	530.6
甘 肃	437.9	0.76	29.2	6.38	283.3
青 海	175.1	0.00	50.8	0.09	6.8
宁 夏	552.0	0.00	21.8	0.00	455.4
新 疆	635.7	151.07	30.0	233.29	752.8

数据来源：国家统计局统计资料。

11. 2016 年分地区粮食产业主要经济指标情况表

单位：亿元

项目	工业总产值	销售收入	利税总额	
				利润总额
全国总计	27852.6	27612.7	1729.9	1320.7
北　京	279.6	355.7	40.2	25.7
天　津	441.2	426.7	15.4	14.1
河　北	1110.4	1152.9	141.7	47.2
山　西	199.2	188.6	19.8	17.0
内蒙古	467.8	561.0	32.9	27.9
辽　宁	676.3	675.6	18.3	16.3
吉　林	511.8	458.1	25.2	17.6
黑龙江	709.4	675.5	17.4	10.2
上　海	294.2	385.5	22.1	17.1
江　苏	2510.5	2478.0	158.4	129.4
浙　江	460.5	483.1	24.9	17.7
安　徽	2511.7	2350.8	90.1	76.9
福　建	704.1	694.4	38.8	29.7
江　西	879.1	870.7	25.5	23.5
山　东	3654.3	3615.1	130.9	113.7
河　南	1867.7	1756.6	22.8	18.8
湖　北	2810.1	2687.5	104.0	84.3
湖　南	1269.6	1206.2	52.4	43.0
广　东	2024.1	2049.1	124.8	96.0
广　西	818.0	770.5	20.9	19.8
海　南	60.5	57.1	1.0	1.0
重　庆	231.0	300.2	10.3	9.7
四　川	1558.1	1737.2	196.4	146.9
贵　州	699.7	663.0	337.4	271.2
云　南	189.4	163.1	4.6	3.9
西　藏	8.7	7.1	3.0	2.6
陕　西	373.9	330.0	17.1	13.8
甘　肃	107.1	97.6	7.0	4.8
青　海	16.1	17.8	1.3	1.0
宁　夏	177.0	167.6	12.0	9.2
新　疆	231.5	230.4	13.1	11.0

数据来源：国家粮食局统计资料。

12. 2016 年分地区粮食产业生产能力汇总表

单位：万吨

项 目	年处理小麦	年处理稻谷	年处理玉米	年处理油料	年精炼油脂	年生产饲料
全国总计	18914.0	29908.3	1525.9	15475.5	4898.0	26769.6
北 京	153.3	113.8	/	8.3	6.3	217.8
天 津	74.6	39.3	2.4	538.2	313.5	203.8
河 北	1609.2	97.8	55.4	628.5	99.8	903.4
山 西	308.2	0.8	24.3	65.9	18.6	334.8
内蒙古	228.4	97.8	34.8	236.6	61.0	457.2
辽 宁	94.0	1129.8	62.2	551.6	110.3	1585.5
吉 林	12.5	1324.5	93.8	199.6	34.7	521.0
黑龙江	250.1	5789.3	74.4	921.4	123.6	919.5
上 海	43.8	102.8	/	66.7	84.0	182.3
江 苏	1737.1	2468.3	78.7	2026.4	759.8	1467.9
浙 江	111.5	501.0	12.9	338.5	67.2	700.5
安 徽	2057.5	3684.1	249.5	536.1	223.1	1179.9
福 建	224.8	645.2	/	511.8	127.6	896.9
江 西	/	2900.1	6.0	102.6	125.3	1489.2
山 东	3946.3	155.6	459.2	2253.9	447.8	4024.2
河 南	4873.0	671.3	114.3	656.4	191.1	1169.1
湖 北	762.7	4733.4	72.0	1355.4	540.6	1726.5
湖 南	41.8	2343.9	33.0	428.4	141.7	1751.8
广 东	474.8	613.1	/	1076.2	382.0	2903.8
广 西	13.9	539.4	/	1158.3	432.6	1121.8
海 南	/	26.6	/	/	/	208.7
重 庆	2.5	235.3	/	12.4	66.7	337.9
四 川	229.7	947.6	99.2	720.9	214.3	1289.9
贵 州	8.0	238.1	4.2	138.5	44.5	120.9
云 南	52.0	183.2	1.5	47.3	21.8	393.5
西 藏	11.7	/	/	0.5	0.2	/
陕 西	537.2	105.8	33.1	201.9	88.4	269.6
甘 肃	400.1	1.8	/	63.0	22.8	137.7
青 海	24.7	/	/	165.7	59.5	11.5
宁 夏	155.7	188.4	/	26.7	5.1	72.1
新 疆	475.4	30.7	15.0	438.0	84.2	171.0

数据来源：国家粮食局统计资料。

13. 粮食成本收益变化情况表（1991 ~ 2016 年）

单位：元

年份	每 50 公斤平均出售价格				每亩总成本				每亩净利润			
	粮食平均	稻谷	小麦	玉米	粮食平均	稻谷	小麦	玉米	粮食平均	稻谷	小麦	玉米
1991	26.1	28.5	30.0	21.1	153.9	188.4	138.4	135.3	34.3	62.4	6.3	34.0
1992	28.4	29.3	33.1	24.3	163.8	192.3	149.3	150.6	44.0	67.7	21.2	42.3
1993	35.8	40.4	36.5	30.2	178.6	211.2	169.8	155.2	92.3	145.1	35.6	95.8
1994	59.4	71.2	56.5	48.2	239.4	298.1	213.2	206.7	190.7	316.7	82.3	173.3
1995	75.1	82.1	75.4	67.0	321.8	391.4	281.7	292.2	223.9	311.1	130.5	230.1
1996	72.3	80.6	81.0	57.2	388.7	458.3	359.5	351.2	155.7	247.5	92.9	123.8
1997	65.1	69.4	70.1	55.8	386.1	450.2	349.5	358.4	105.4	171.8	74.8	69.8
1998	62.1	66.9	66.6	53.8	383.9	437.4	357.5	356.6	79.3	155.9	−6.2	88.2
1999	53.0	56.6	60.4	43.7	370.7	425.2	351.5	337.2	25.6	75.8	−12.1	11.2
2000	48.4	51.7	52.9	42.8	356.2	401.7	352.5	330.6	−3.2	50.1	−28.8	−6.9
2001	51.5	53.7	52.5	48.3	350.6	400.5	323.6	327.9	39.4	81.4	−27.5	64.3
2002	49.2	51.4	51.3	45.6	370.4	415.8	342.7	351.6	4.9	37.6	−52.7	30.8
2003	56.5	60.1	56.4	52.7	368.3	419.1	339.6	347.6	42.9	94.9	−30.3	62.8
2004	70.7	79.8	74.5	58.1	395.5	454.6	355.9	375.7	196.5	285.1	169.6	134.9
2005	67.4	77.7	69.0	55.5	425.0	493.3	389.6	392.3	122.6	192.7	79.4	95.5
2006	72.0	80.6	71.6	63.4	444.9	518.2	404.8	411.8	155.0	202.4	117.7	144.8
2007	78.8	85.2	75.6	74.8	481.1	555.2	438.6	449.7	185.2	229.1	125.3	200.8
2008	83.5	95.1	82.8	72.5	562.4	665.1	498.6	523.5	186.4	235.6	164.5	159.2
2009	91.3	99.1	92.4	82.0	630.3	716.7	592.0	582.3	162.4	217.6	125.5	144.2
2010	103.8	118.0	99.0	93.6	672.7	766.6	618.6	632.6	227.2	309.8	132.2	239.7
2011	115.4	134.5	104.0	106.1	791.2	897.0	712.3	764.2	250.8	371.3	117.9	263.1
2012	119.9	138.1	108.3	111.1	936.4	1055.1	830.4	924.2	168.4	285.7	21.3	197.7
2013	121.1	136.5	117.8	108.8	1026.2	1151.1	914.7	1012.0	72.9	154.8	−12.8	77.5
2014	124.4	140.6	120.6	111.9	1068.6	1176.6	965.1	1063.9	124.8	204.8	87.8	81.8
2015	116.3	138.0	116.4	94.2	1090.0	1202.1	984.3	1083.7	19.6	175.4	17.4	−134.2
2016	108.4	136.8	111.6	77.0	1093.6	1201.8	1012.5	1065.6	−80.3	142.0	−82.2	−299.7

数据来源：国家发展改革委统计资料。

14. 国有粮食企业主要粮食品种收购量（1978 ~ 2016 年）

单位：贸易粮，万吨

年 份	合计	小麦	大米	玉米	大豆	其他
1978	5110.2	1176.8	1995.7	1046.7	216.0	675.0
1979	5925.0	1562.6	2201.0	1281.0	205.0	675.6
1980	5882.1	1396.1	2214.5	1357.8	296.5	617.3
1981	6255.5	1418.3	2421.1	1408.0	412.6	595.6
1982	7367.5	1933.6	2900.3	1427.4	401.7	704.5
1983	9879.6	2763.3	3312.4	2337.8	409.8	1056.3
1984	11165.9	3427.0	3858.1	2588.1	382.4	910.4
1985	7925.5	2666.1	3012.9	1374.2	503.3	369.0
1986	9453.2	2842.0	3258.7	2183.1	653.7	515.7
1987	9920.1	2816.2	3143.7	2848.6	609.7	501.9
1988	9430.4	2673.9	3185.9	2414.7	693.5	462.4
1989	10040.2	2855.5	3622.9	2587.7	620.0	354.1
1990	12364.5	3646.6	4316.0	3372.8	661.2	367.9
1991	11423.0	3392.5	3810.0	3338.4	582.2	300.0
1992	10414.4	3841.4	3272.6	2621.7	406.1	272.6
1993	9234.0	3373.1	2505.0	2470.0	606.2	279.7
1994	9226.4	3230.4	2697.6	2185.0	732.2	381.2
1995	9443.8	3125.0	3061.4	2435.6	522.5	299.3
1996	11919.8	3614.8	3382.2	4224.7	437.8	260.4
1997	11535.4	4600.2	3510.6	2692.2	515.2	217.3
1998	9654.5	2795.6	2562.0	3867.4	351.0	78.5
1999	12807.7	3863.3	3186.1	5425.1	246.6	86.6
2000	11695.1	4018.2	3327.3	4019.2	237.9	92.5
2001	11784.2	4437.9	2798.8	4128.2	326.8	92.5
2002	10826.3	4201.3	2189.6	4182.0	140.4	113.0
2003	9717.1	3682.0	2109.8	3702.5	120.3	102.5
2004	8919.5	3448.1	2138.1	3158.1	91.0	84.2
2005	11493.8	3745.2	2572.3	4529.9	506.0	140.4
2006	12256.5	6040.0	2153.5	3424.7	492.2	146.2
2007	10167.4	4733.2	1985.1	3008.3	321.5	119.5
2008	15470.8	6712.7	3604.9	4754.2	313.4	85.6
2009	15223.0	6834.0	2637.5	4988.5	653.0	110.2
2010	12406.0	6177.7	2136.0	3333.7	648.8	109.9
2011	11442.7	4650.4	2799.3	3428.1	465.7	99.2
2012	12363.5	4871.4	2574.4	4260.9	563.9	92.9
2013	16887.4	4023.8	3979.4	8472.7	317.2	94.3
2014	18985.2	5779.1	3826.0	8995.5	317.1	67.6
2015	24386.8	5095.3	4051.0	15046.6	140.1	53.8
2016	20679.8	5939.8	4280.4	10331.5	66.6	61.7

注：1978 ~ 2002 年粮食购销存数字按粮食年度统计，粮食年度是指当年 4 月 1 日至翌年 3 月 31 日。从 2003 年开始，粮食统计年度改为日历年度。年度数字均为国有粮食企业收购量。

数据来源：国家粮食局统计资料。

15. 国有粮食企业主要粮食品种销售量（1978 ~ 2016 年）

单位：贸易粮，万吨

年　份	合计	小麦	大米	玉米	大豆	其他
1978	5343.5	1869.5	1773.9	876.1	162.5	661.5
1979	5679.1	1940.3	1826.0	1067.9	179.8	665.1
1980	6416.8	2256.8	2014.3	1301.5	204.4	639.9
1981	7223.3	2563.5	2122.9	1622.3	239.0	675.6
1982	7710.4	2858.1	2289.5	1596.7	271.8	694.4
1983	8003.2	3005.9	2497.7	1458.5	288.8	752.4
1984	10417.9	3699.7	3438.5	1932.0	355.3	992.5
1985	8564.9	3078.5	3006.3	1328.1	322.9	829.1
1986	9347.7	3618.1	3243.9	1357.0	321.3	807.4
1987	9190.8	3643.3	3080.0	1423.8	355.5	688.2
1988	10091.0	3885.2	3038.0	1898.6	406.7	862.5
1989	8931.1	3521.8	2566.2	1846.1	346.5	650.5
1990	9033.3	3574.9	2770.5	1723.1	341.7	623.1
1991	10433.0	4085.0	3267.4	1046.3	1402.6	631.7
1992	9000.0	3247.0	3044.4	1637.3	256.8	814.5
1993	6700.3	2848.5	2128.5	1088.2	229.9	405.2
1994	7648.4	3328.2	2609.4	1121.3	234.0	355.5
1995	9264.2	3707.6	2896.8	1570.0	620.3	469.5
1996	7340.6	3090.3	2259.5	1346.7	356.8	287.3
1997	6830.7	2439.3	2042.9	1632.3	429.4	286.7
1998	6116.0	2137.1	1795.5	1648.5	348.6	186.3
1999	9353.3	3137.1	2420.9	3197.6	439.4	158.2
2000	12556.9	3961.9	3029.8	4718.5	645.5	201.2
2001	8528.7	3225.6	2155.6	2574.9	439.2	133.4
2002	12070.0	4733.0	3155.5	3551.5	510.5	119.5
2003	13453.7	5500.3	3559.1	3800.9	422.2	171.3
2004	11944.0	4640.6	3246.2	3574.5	309.3	173.4
2005	12138.3	4276.9	2556.8	4348.8	841.7	114.2
2006	12034.2	4246.1	2671.4	4133.2	847.6	135.9
2007	12958.3	5104.0	2896.0	3890.4	892.8	175.2
2008	15324.9	7352.9	3120.0	3985.4	755.9	110.7
2009	16693.2	7094.2	3054.1	5261.4	1145.8	137.8
2010	18911.2	7569.0	3047.6	6454.8	1662.9	176.9
2011	18922.5	7342.2	3609.5	5839.1	1992.2	139.6
2012	16829.4	6930.0	2970.8	4548.0	2188.1	192.6
2013	19442.4	7623.6	3064.0	6179.7	2418.0	157.2
2014	21133.2	6125.0	3859.4	8226.3	2618.1	304.5
2015	18685.3	5616.0	4002.1	5639.4	2704.6	723.2
2016	24845.9	5957.7	4807.5	10523.2	2950.6	607.0

注：1978 ~ 2002 年粮食购销存数字按粮食年度统计，粮食年度是指当年 4 月 1 日至翌年 3 月 31 日。从 2003 年开始，粮食统计年度改为日历年度。年度数字均为国有粮食企业销售量。
数据来源：国家粮食局统计资料。

16. 全国粮油进口情况表（1992 ~ 2016 年）

单位：万吨

年 份	粮食	谷物					大豆	食用植物油				
			小麦	大米	玉米	大麦			豆油	菜籽油	棕榈油	花生油
1992	1182.1	1152.0	1058.1	10.4	0.0	0.0	0.0	37.6	18.3	18.9	0.0	0.5
1993	16.3	0.7	0.6	0.0	0.0	0.0	0.0	23.6	7.6	15.0	0.0	0.8
1994	925.1	913.4	729.9	51.4	0.1	0.0	0.0	160.8	106.3	52.9	0.0	1.4
1995	2082.5	2035.7	1158.6	164.2	518.1	0.0	0.0	213.5	148.2	63.1	0.0	1.4
1996	1105.6	1078.1	824.6	76.1	44.1	0.0	0.0	162.7	129.5	31.6	0.0	0.5
1997	738.4	410.4	186.1	32.6	0.0	187.4	287.6	159.1	122.5	35.1	0.0	1.1
1998	742.0	382.4	148.9	24.4	25.1	151.9	319.2	112.7	83.2	28.5	0.0	0.9
1999	808.8	333.8	44.8	16.8	7.0	226.9	431.9	88.7	80.4	6.9	0.0	1.0
2000	1390.7	312.4	91.0	23.9	0.3	196.1	1041.9	41.4	30.6	7.5	1.5	1.0
2001	1950.4	344.3	73.9	26.9	3.9	236.8	1393.9	149.2	7.0	4.9	136.0	0.9
2002	1605.1	284.9	63.2	23.6	0.8	190.7	1131.4	266.3	87.0	7.8	169.5	0.4
2003	2525.8	208.0	44.7	25.7	0.1	136.3	2074.1	441.2	188.4	15.2	232.8	0.7
2004	3351.5	974.5	725.8	75.6	0.2	170.7	2023.0	529.1	251.6	35.3	239.0	0.0
2005	3647.0	627.1	353.9	51.4	0.4	217.9	2659.0	471.9	169.4	17.8	283.8	0.0
2006	3713.8	358.2	61.3	71.9	6.5	213.1	2823.7	581.3	154.3	4.4	418.7	0.0
2007	3731.0	155.5	10.1	48.8	3.5	91.3	3081.7	767.5	282.3	37.5	438.7	1.1
2008	4130.6	154.0	4.3	33.0	5.0	107.6	3743.6	752.8	258.6	27.0	464.7	0.6
2009	5223.1	315.0	90.4	35.7	8.4	173.8	4255.1	816.2	239.1	46.8	511.4	2.1
2010	6695.4	570.7	123.1	38.8	157.3	236.7	5479.8	687.2	134.1	98.5	431.4	6.8
2011	6390.0	544.6	125.8	59.8	175.4	177.6	5263.7	656.8	114.3	55.1	470.1	6.1
2012	8024.6	1398.2	370.1	236.9	520.8	252.8	5838.4	845.1	182.6	117.6	523.0	6.3
2013	8645.2	1458.1	553.5	227.1	326.6	233.5	6337.5	809.8	115.8	152.7	487.4	6.1
2014	10042.4	1951.0	300.4	257.9	259.9	541.3	7139.9	650.2	113.5	81.0	396.9	9.4
2015	12477.5	3270.4	300.6	337.7	473.0	1073.2	8169.2	676.5	81.8	81.5	431.2	12.8
2016	11467.6	2198.9	341.2	356.2	316.8	500.5	8391.3	552.8	56.0	70.0	315.7	10.7

数据来源：国家发展改革委统计资料。

17. 全国粮油出口情况表（1992 ~ 2016 年）

单位：万吨

年 份	粮食	谷物				大豆	食用植物油	豆油	菜籽油
			小麦	大米	玉米				
1992	1390.8	1193.9	0.3	95.3	1034.0	0.0	6.4	0.4	5.3
1993	151.5	1.3	0.0	0.1	1.1	0.0	13.2	1.5	5.8
1994	1306.3	1087.7	10.7	151.9	874.0	0.0	26.7	7.3	16.1
1995	162.2	43.2	1.6	4.7	11.3	0.0	25.2	6.6	17.1
1996	134.9	67.6	0.0	26.5	15.9	0.0	30.8	12.7	17.4
1997	878.1	788.5	0.1	93.9	661.7	18.6	71.0	55.6	14.1
1998	939.0	860.7	0.6	373.7	468.6	17.0	27.0	18.6	7.3
1999	840.3	721.2	0.1	270.8	430.5	20.4	9.2	5.3	2.6
2000	1452.4	1359.4	18.8	294.8	1029.4	21.1	11.0	3.5	5.4
2001	991.2	875.6	71.3	185.9	600.0	24.8	13.5	6.0	5.4
2002	1619.6	1482.2	97.7	198.2	1167.5	27.6	9.7	4.7	1.8
2003	2354.6	2194.7	251.4	260.5	1640.1	26.7	6.0	1.1	0.5
2004	620.4	473.4	108.9	89.8	232.4	33.5	6.5	1.9	0.5
2005	1182.3	1013.7	60.5	67.4	864.2	39.6	22.5	6.3	3.1
2006	774.4	605.2	151.0	124.0	309.9	37.9	39.9	11.8	14.5
2007	1169.5	986.7	307.3	134.3	492.1	45.6	16.6	6.6	2.2
2008	378.9	181.2	31.0	97.2	27.3	46.5	24.8	13.4	0.7
2009	328.3	131.7	24.5	78.0	13.0	34.6	11.4	6.9	0.9
2010	275.1	119.9	27.7	62.2	12.7	16.4	9.2	5.9	0.4
2011	287.5	116.4	32.8	51.6	13.6	20.8	12.2	5.1	0.3
2012	276.6	96.0	28.5	27.9	25.7	32.0	10.0	6.5	0.7
2013	243.1	94.7	27.8	47.8	7.8	20.9	11.5	9.0	0.6
2014	211.4	70.9	19.0	41.9	2.0	20.7	13.4	10.0	0.7
2015	163.5	47.8	12.2	28.7	1.1	13.4	13.5	10.4	0.5
2016	190.1	58.1	11.3	39.5	0.4	12.7	11.3	8.0	0.5

数据来源：国家发展改革委统计资料。

18. 国民经济与社会发展总量指标（1978 ~ 2016 年）（一）

指 标	单 位	1978 年	1990 年	2000 年	2015 年	2016 年
人口						
年末总人口	万人	96259	114333	126743	137462	138271
城镇人口	万人	17245	30195	45906	77116	79298
乡村人口	万人	79014	84138	80837	60346	58973
就业和失业						
就业人员	万人	40152	64749	72085	77451	77603
#城镇就业人员	万人	9514	17041	23151	40410	41428
城镇登记失业人员	万人	530	383	595	966	982
国民经济核算						
国内生产总值	亿元	3678.7	18872.9	100280.1	689052.1	744127.2
第一产业	亿元	1018.5	5017.2	14717.4	60862.1	63670.7
第二产业	亿元	1755.2	7744.3	45664.8	282040.3	296236.0
第三产业	亿元	905.1	6111.4	39897.9	346149.7	384220.5
人均国内生产总值	元	385	1663	7942	50251	53980
支出法国内生产总值	亿元	3634.1	19067.0	100576.8	699109.4	746314.9
最终消费支出	亿元	2232.9	12001.4	63667.7	362266.5	400175.6
资本形成总额	亿元	1412.7	6555.3	34526.1	312835.7	329727.3
货物和服务净出口	亿元	-11.4	510.3	2383.0	24007.2	16412.0
居民收入						
全国居民人均可支配收入	元				21966	23821
城镇居民人均可支配收入	元	343	1510	6280	31195	33616
农村居民人均可支配收入	元	134	686	2253	11422	12363
财政						
一般公共预算收入	亿元	1132.3	2937.1	13395.2	152269.2	159552.1
一般公共预算支出	亿元	1122.1	3083.6	15886.5	175877.8	187841.1
能源						
能源生产总量	万吨标准煤	62770	103922	138570	361476	346000
能源消费总量	万吨标准煤	57144	98703	146964	429905	436000
固定资产投资						
全社会固定资产投资总额	亿元		4517.0	32917.7	561999.8	606465.7
#房地产开发	亿元		253.3	4984.1	95978.8	102580.6
对外贸易和实际利用外资						
货物进出口总额	亿美元	206.4	1154.4	4742.9	39530.3	36855.7
出口额	亿美元	97.5	620.9	2492.0	22734.7	20981.5
进口额	亿美元	108.9	533.5	2250.9	16795.6	15874.2
外商直接投资	亿美元		34.9	407.2	1262.7	1260.0
主要农业、工业产品产量						
粮食	万吨	30476.5	44624.3	46217.5	62143.9	61625.0
油料	万吨	521.8	1613.2	2954.8	3537.0	3629.5
棉花	万吨	216.7	450.8	441.7	560.3	530.0
肉类	万吨			6013.9	8625.0	8537.8
原煤	亿吨	6.18	10.80	13.84	37.47	34.11
原油	万吨	10405	13831	16300	21456	19969
水泥	万吨	6524	20971	59700	235919	241353
粗钢	万吨	3178	6635	12850	80383	80837
发电量	亿千瓦小时	2566	6212	13556	58146	61425

数据来源：国家统计局统计资料。

18. 国民经济与社会发展总量指标（1978 ~ 2016 年）（二）

指　标	单位	1978 年	1990 年	2000 年	2015 年	2016 年
建筑业						
建筑业总产值	亿元		1345	12498	180757	193567
消费品零售和旅游						
社会消费品零售总额	亿元	1559	8300	39106	300931	332316
入境游客	万人次	180.9	2746.2	8344.4	13382.0	13844.0
国际旅游外汇收入	亿美元	2.6	22.2	162.2	1136.5	1200.0
运输和邮电						
沿海主要港口货物吞吐量	万吨	19834	48321	125603	784578.0	810932.7
邮电业务总量	亿元	34.1	155.5	4792.7	28425.0	43345.5
移动电话用户	万户		1.8	8453.3	127139.7	132193.4
固定电话用户	万户	192.5	685.0	14482.9	23099.6	20662.4
金融						
金融机构人民币各项	亿元					
存款余额		1155	13943	123804	1357022	1505864
金融机构人民币各项	亿元					
贷款余额		1890	17511	99371	939540.16	1066040
科技、教育、卫生、文化						
研究与试验发展经费支出	亿元			895.7	14170	15500
技术市场成交额	亿元			651	9836	11407
在校学生数						
#普通本、专科	万人	85.6	206.3	556.1	2625.3	2695.8
普通高中	万人	1553.1	717.3	1201.3	2374.4	2366.6
初中	万人	4995.2	3916.6	6256.3	4312.0	4329.4
普通小学	万人	14624.0	12241.4	13013.3	9692.2	9913.0
医院数	个	9293	14377	16318	27587	29140
医院床位数	万张	110.0	186.9	216.7	533.1	568.9
执业（助理）医师	万人	97.8	176.3	207.6	303.9	319.1
社会保障						
参加基本养老保险人数	万人		6166	13617	85833	88709
参加城镇基本医疗保险人数	万人			3787	66582	74839
参加失业保险人数	万人			10408	17326	18089
参加工伤保险人数	万人			4350	21432	21887
参加生育保险人数	万人			3002	17771	18443
社会保险基金收入	亿元		187	2645	46012	52765

注：1. 由于计算误差的影响，按支出法计算的国内生产总值不等于按生产法计算的国内生产总值。
2. 本表 2014 年、2015 年居民人均可支配收入为城乡一体化住户收支与生活状况调查数据，与此前分城镇和农村住户调查的统计口径有所不同。
3. 本表价值量指标中，邮电业务总量 2000 年及以前按 1990 年不变价格计算，2001~2010 年按 2000 年不变价格计算，2011 年起按 2010 年不变价格计算。其余指标按当年价格计算。
4. 2016 年社会保障数据为快报数，最终数据以当年公报为准。

数据来源：国家统计局统计资料。

后　记

经国家粮食局批准，在有关部门的大力支持下，《中国粮食发展报告》自2004年以来已连续出版13年，受到社会的普遍关注，得到了有关部门及社会各界的一致肯定。《2017中国粮食发展报告》（以下简称《报告》）全面、客观地介绍了我国2016年粮食发展情况，针对当前粮食生产和流通领域的热点、难点问题进行对策研究，收录了较为完备的粮食行业统计资料。《报告》（包括附表）所有统计资料和数据均未包括我国香港、澳门特别行政区和台湾地区。

《报告》在编写过程中得到了国家发展改革委、农业部、国家统计局等有关部门的大力支持，参加《报告》编写工作的部门及单位有：国家发展改革委经贸司、农经司、价格司，农业部种植业管理司，国家统计局综合司、农村司，国家粮食局办公室、调控司、政策法规司、规划财务司、仓储与科技司、监督检查司、外事司、人事司，标准质量中心、中国粮食研究培训中心、国家粮油信息中心、中国粮食经济杂志社、中国粮油学会、中国粮食行业协会等。

在此，谨向在《报告》编写过程中给予大力支持的领导、专家和同志们表示衷心的感谢！《报告》如有不妥之处，敬请批评指正。

《中国粮食发展报告》编辑部

中国粮食研究培训中心

2017年8月14日